如何培养高情商的孩子

彭清清◎著

中国纺织出版社有限公司

内 容 提 要

有人说，情商比智商更重要。的确如此。如果说智商只是智力因素的硬性指标，那么情商涉及的范围更广。对于孩子而言，情商也是很重要的，高情商的孩子在成长中会有更好的表现，进步更快，更加快乐。

本书以儿童心理学为基础，以情绪情感、精神、意识和语言等各个方面为切入点，进行由面到点，再由点及面的阐述，生动形象地向父母们展示如何与孩子相处，才有助于培养孩子的情商，也明确指出，父母必须拥有高情商才能更好地教育孩子，更有效地提升孩子的情商。

图书在版编目（CIP）数据

如何培养高情商的孩子 / 彭清清著. ---北京：中国纺织出版社有限公司，2020.7
ISBN 978-7-5180-7276-7

Ⅰ.①如… Ⅱ.①彭… Ⅲ.①情高—青少年教育—家庭教育 Ⅳ.①G782

中国版本图书馆CIP数据核字（2020）第054311号

责任编辑：赵晓红　　责任校对：韩雪丽　　责任印制：储志伟

中国纺织出版社有限公司出版发行
地址：北京市朝阳区百子湾东里A407号楼　邮政编码：100124
销售电话：010—67004422　传真：010—87155801
http://www.c-textilep.com
中国纺织出版社天猫旗舰店
官方微博http://weibo.com/2119887771
三河市宏盛印务有限公司印刷　各地新华书店经销
2020年7月第1版第1次印刷
开本：880×1230　1/32　印张：7
字数：129千字　定价：39.80元

凡购本书，如有缺页、倒页、脱页，由本社图书营销中心调换

| 前 言 |

　　1955年，《纽约时报》记者丹尼尔·戈尔曼出版了《情商：为什么情商比智商更重要》一书，在书中将情商与智商进行了比较，并深度剖析了情商，在全球关注情商的学者之中引起了广泛的讨论。为此，人们把丹尼尔称为"情商之父"。1997年，中国引进了丹尼尔的这本书，国内的心理专家也更加重视情商的研究。近年来，情商被提升到了更高的高度，这对于情商的发展和学习产生了极大的推动作用。更多的父母开始重视对孩子情商的培养，也意识到情商将会对孩子的一生产生重要的影响。

　　然而，父母要想培养和提升孩子的情商，并不是一件容易的事情，这是因为情商涵盖的范围很广，而且关系到孩子成长的方方面面。情商不是智力因素，所以情商的培养和提升比促进孩子学习更为困难。即便如此，父母依然要注重孩子的情商培养，有心理学家提出，一个人能否获得成功，只有百分之二十取决于智商，而百分之八十取决于情商。父母要想让孩子拥有美好的人生，就要从方方面面、点点滴滴入手，培养和提升孩子的情商。如今，有太多的孩子情商偏低。他们从小在父母无微不至的关心和照顾下成长，从未遭受过任何挫折和磨难，而觉得人生就该是一帆风顺的。也有的孩子因此形成了自我中心主义，考虑任何问题都从自身的角度出发，从来不会顾及他人的感受。不得不说，这对于孩子的成长是没有任何好处的，也不利于孩子提高情商，与他人更好地相处。

　　孩子必须先成人，才能成才。高情商正是保证孩子成人的关键。孩子即使有再多的才华，若没有优秀的品质，没有强大的承受能力，也会成为"歪才"，内心脆弱、不堪打击，这又有什么用呢？情商是道德情操，是幽默豁达，是坚毅顽强。高情商的孩子不但善于与自己相处，也善于与他人相处。然而，父母在培养和提升孩子的情商时，要讲究方式方法，切勿觉得培养孩子的情商只需要说些大道理即可，而是要以身示范，成为孩子的榜样。在家庭教育中，父母只对孩子进行言传远远不够，还要对孩子进行身教。从某种意义上来说，身教的作用大于言传，因为孩子的学习能力、模仿能力都很强，而且与父母朝夕相处，所以很容易受到父母的影响。父母在对孩子开展家庭教育的过程中，就是针对孩子进行情商培养的好时机，父母要当好孩子的老师，给予孩子积极的作用力和影响力，为孩子营造良好的家庭氛围，要亲自示范给孩子看如何说话，如何把话说好。

高情商，会让孩子终身受益，也会让孩子在成长的道路上感受到更多的快乐、满足，即使遭遇坎坷挫折，依然能够不忘初心，砥砺前行；高情商，能够帮助孩子把话说好，打动他人的心，从而结交更多的朋友，也与朋友之间维持友好的关系。高情商与孩子一生为伴，孩子才能从容地应对各种情况，让自己在人生道路上始终前行，而不会觉得孤独和寂寞。

爸爸妈妈们，从现在开始就努力培养孩子的情商吧，情商教育事不宜迟，拥有高情商的孩子在各个方面都会有良好的发展。既然父母能为孩子的一生幸福贡献力量，为何不当机立断去做好呢？

作者
2020年1月

CONTENTS 目录

第01章　你是独特的自己：先拥有正确的自我认知，情商才有发挥的余地

不要以负面标签影响孩子的自我认知/002

要相信孩子是最棒的/004

引导孩子发现自己的优势/006

让孩子接受他人的评价/009

帮助孩子形成"我"的意识/011

让孩子学会反思自己/014

给孩子更多的机会为自己做主/017

告诉孩子不要当骄傲的"小公鸡"/020

想象力丰富的孩子，情商更高/023

第02章 希望你是快乐的：
保护好孩子的心灵，
让孩子拥有抵御坏情绪的能力

孩子需要平静的情绪状态/028

帮助孩子远离不良情绪的困扰/031

给予孩子合适的情绪宣泄渠道/034

让孩子远离抑郁这个"隐形杀手"/036

父母的信任是对孩子最大的支持/039

允许孩子表达内心的不满/042

及时引导孩子消除愤怒的情绪/045

让孩子远离悲观，积极向上/048

第03章 你该学会交朋友：
朋友是生命中的阳光，
需要用热情去点亮

怀着热情对待他人/054

尊重总是相互的/056

让孩子设身处地为他人着想/059

远离嫉妒，孩子才能内心平静/061

教会孩子与人合作/064

当孩子开始喜欢异性/067

分享，让快乐成倍增长/070

优化孩子的成长环境/073

学会勇敢地拒绝他人/075

信守承诺，才能一诺千金/078

第04章 **你该有个好人缘：
让大家喜欢你，
你才更有话语权和竞争力**

友情、亲情，都需要用心维护/084

与人为善，与己为善/087

好人缘让你事事顺畅/090

多多支持和鼓励孩子参与集体活动/093

让孩子学会专注地倾听/096

让孩子知道如何与人合作/099

把话说好，才能打动人心/103

第05章　**你该勇敢且坚强：
跌倒了爬起来就好，
失败也没有什么大不了**

遭遇坎坷，也要砥砺前行/108

失败是成功的阶梯/111

勇敢面对，才能解决问题/115

从跌倒的地方爬起来，继续前行/119

顽强的意志力是战胜困难的保障/122

第06章　**你该宽容和友善：
高情商的孩子胸襟宽阔不狭隘，
未来必能致高远**

让孩子的心胸更加开阔/128

谦让，是一种美德/131

心怀宽广，不要斤斤计较/134

心有余而力也足，请慷慨帮助他人/138

树立远大志向，指引人生前行/142

第07章　**你该自信和自强：**
让孩子保持好心态，
高情商离不开稳定的心理素质

成功者都是饱经磨砺的/148

以不变应万变，才能静观其变/152

让孩子独立自强的秘诀/157

有责任心的孩子，承受能力更强/161

提升孩子承受压力的能力/166

第08章　**要学会处理冲突：**
让孩子学会理性解决问题，
不要任性妄为、意气用事

武力并不能真正地解决问题/170

理性思考，不冲动，不盲目/174

让孩子形成正确的是非观念/178

孩子任性怎么办/182

孩子输得起，情商更高/186

第09章 拥有自控的能力：
能够控制自己的情绪和意识，也是高情商的体现

自控的孩子更强大/192

引导孩子正确认知情绪/195

父母要给孩子正能量和好情绪/199

让孩子多几分淡然/203

让孩子学会调整情绪/207

参考文献/212

第 01 章

你是独特的自己:
先拥有正确的自我认知,情商才有发挥的余地

　　每个人都是世界上独一无二的生命个体,孩子也是如此。孩子虽然还小,但情绪感受可不少,而且孩子各方面的能力都处于发展之中,所以更需要正确认知自我,才能接纳自我,也才能不断地提升情商,成为最真实、最独特的自己。

不要以负面标签影响孩子的自我认知

　　这次期末考试，琳琳的数学成绩很差。平时，琳琳还能考到班级的中等水平，这一次，居然倒退了十几名，变成了班级倒数。看到琳琳的试卷上有很多题目不会做，还有很多会做的题目也因为粗心做错了，妈妈非常生气，忍不住训斥琳琳："你可真是个笨蛋，这么简单的题目都做错了，难一点的题目你又不会，难怪会考得这么糟糕呢！"琳琳很愧疚，一直低着头不说话，妈妈生气地对琳琳说："马上要开家长会了，我可丢不起这个人，我看你还是花钱雇人给你开家长会吧！"听了妈妈的话，琳琳伤心地哭了起来，妈妈不由分说地训斥琳琳："还有脸哭，就这样的考试成绩，还好意思吃饭吗？还天天都要吃好吃的！"

　　当天晚上，琳琳没有吃饭，一直躲在房间里订正试卷。奶奶心疼琳琳，想去喊琳琳吃饭，妈妈制止奶奶："别管她，考得不好，还有理了吗！"就这样，全家人闷闷不乐吃晚饭，而琳琳则一直饿着肚子。没过几天，妈妈带着琳琳去商场里玩，商场里新引进了一项儿童拓展项目。看到很多孩子在玩，琳琳很羡慕。这时，营业人员邀请琳琳进去玩，琳琳却畏缩了：

"不，不，我不行！"妈妈看着琳琳胆小的样子，很不高兴，说："那些小朋友都在玩，你怎么就不行了呢？"琳琳低着头说："我是个笨蛋！"这句话犹如针一样扎进妈妈的心里，妈妈感到难受极了，很后悔当时因为生气而口无遮拦地对琳琳说出那样的话。

妈妈看到琳琳的考试成绩，因为一时生气而说琳琳是"笨蛋"，给琳琳的内心带来了严重伤害，也使得琳琳对自己产生了错误的认知。作为父母，要知道孩子的成长过程就是一个不断犯错的过程，当孩子犯错的时候，父母不管多么生气，都要就事论事，而不要总是批评和训斥孩子，更不要口无遮拦地对孩子说出那些负面的语言。也许这些负面语言对于父母而言只是气话，但却会被孩子深深地记在心里，孩子甚至会认为自己就是父母所说的那个样子。可想而知，父母的负面标签对于孩子的影响有多大。

明智的父母从来不会随意地给孩子贴负面标签，而是就事论事，针对孩子的具体错误，为孩子展开分析，引导孩子进行理性的思考和自我反思，也帮助孩子及时地改正和纠正错误。否则，孩子的自信心一旦受到打击，对于自己的评价都是负面且消极的，父母即使付出加倍的努力，也未必能够帮助孩子重振信心。

🎯 **情商课堂**

孩子最信任的人就是父母，因而父母的一言一行都会对孩子产生深刻的影响。尤其是年幼的孩子，他们还没有形成自我评价的能力，常常会把父母的评价作为自我评价。因而父母必须慎重地评价孩子，给予孩子充满爱与自由的环境，让孩子健康快乐地成长。

要相信孩子是最棒的

自从意识到负面评价和贴标签给琳琳带来的影响，妈妈深刻地反思自己，决定以后再也不会因为各种原因而否定琳琳，打击琳琳。一开始，妈妈还有惯性思维，每当看到琳琳表现不够好的时候，总是忍不住抱怨琳琳胆小、脑子转得慢等。渐渐地，不管琳琳做错什么事情或者有什么失误，妈妈都会第一时间告诫自己要认可和激励琳琳。随着时间的流逝，妈妈的改变很大，和琳琳的相处模式也完全变了。

有一次，琳琳参加了学校里的朗诵比赛。其实，琳琳本来很害怕参加朗诵比赛，也担心自己不能很好地表现，但是妈妈始终给琳琳鼓劲和打气，对琳琳说："琳琳，你要相信自己一定能够做到！即使你没有获得好成绩，也没关系，因为你已经勇敢地尝试了，做了自己不敢做的事情，这就够了。在妈妈心里，你是最棒的，你非常优秀。妈妈相信，你能够成功地突破和超越自己，给我们每个人都带来惊喜！"

在妈妈的坚持和鼓励下，琳琳越来越勇敢，越来越坚定，最终真的报名参加了朗诵比赛。虽然这是琳琳第一次上台，她还非常紧张，但是当以颤抖的声音说出第一句话之后，她的内心很快释然了：这也没什么大不了的，我相信我一定能够做到！这么想着，琳琳的状态越来越好，朗诵结束，她居然赢得了热烈的掌声。妈妈第一时间向琳琳竖起大拇指，虽然琳琳没有得到奖状，但是她的成长和进步是有目共睹的。

父母都希望自家的孩子充满自信，不管做什么事情都能积极地去尝试，也能勇敢地去争取。在上面的案例中，妈妈在意识到给孩子贴标签的恶劣影响后，非常努力地调整了自己与孩子沟通的方式，最终不但避免了给孩子贴上负面标签，还大力支持和鼓励孩子，帮助孩子建立了自信。

每个孩子都非常在乎父母的评价，他们还不能正确认知和评价自我，因而把父母的评价作为自我评价使用，也觉得自己真的就如父母所说的那样。很多父母抱怨孩子不知道感恩，也从来不会主动回报父母。其实很少父母知道自己在孩子心目中的重要地位和作用，因而对孩子说话的时候总是口无遮拦。毫无疑问，这对于孩子的成长是极为不利的，尤其是当孩子在父母的引导下形成错误的自我认知，而且失去自信时，孩子不管做什么事情都会畏手畏脚，无法充满自信地放飞自我。明智的父母不会吝啬用语言赞扬和激励孩子，因为他们深知自信、勇敢对于孩子的成长多么重要。

● 情商课堂

要想帮助孩子建立自信，父母首先要相信孩子，不要怀疑孩子。父母的信任是孩子人生腾飞的翅膀，也是孩子做一切事情信心的来源。其次，父母还要多多鼓励孩子，认可孩子，而不要总是拿自家孩子和别人家的孩子比较，尤其不要拿自家孩子的缺点与别人家孩子的优点进行比较，否则就会打击孩子的自信，使孩子不管做什么事情都提不起兴致，也不能充满信心。明智的做法是，将孩子与自己相比较。例如，以孩子的今天与孩子的昨天比较，对于孩子的点滴进步表示赞赏。这样一来，孩子就能树立自信，更愿意与父母沟通。

引导孩子发现自己的优势

在妈妈的激励下，琳琳渐渐找回了自信，不再认为自己是"笨蛋"，每当面对新鲜的事物时，她也会积极地尝试。妈妈呢，换了一种眼光看待琳琳，发现琳琳并不像她之前认为的那样笨、没有优点。妈妈在仔细观察琳琳之后发现，琳琳有很多优点，比如善良正直、喜欢画画、为人随和，不管和谁都能很快地玩到一起去，非常快乐。琳琳虽然数学成绩不好，但是很擅长语文学习，尤其是作文写得很棒！妈妈从之前的越看琳琳越嫌弃，到现在的越看琳琳越喜欢，感到女儿真是棒极了。

假期的一天，妈妈和琳琳来到一个旅游景点，看见有小朋友在参加沙画比赛。琳琳此前从未画过沙画，有些畏难，既想参加比赛，又担心自己表现不好给妈妈丢脸。妈妈对琳琳说："琳琳，沙画就和你平时作画是一样的啊，只是用的材料不同而已，把材料换成沙子。你很擅长绘画，妈妈相信你画沙画也会很厉害。怎么样，让我欣赏下吧！"在妈妈的鼓励下，琳琳决定上台比赛。她以当天的游玩地为主题，画了一幅牡丹图，虽然只是黑白的，但在琳琳的巧手之下，牡丹的形象栩栩如生，博得了大家的一致赞赏。这次经历之后，琳琳的自信心更强了，她越来越喜欢画画，立志长大之后要成为一名画家。

每个孩子都像是一座宝藏，要想更好地成长，父母作为孩子的领路人，就要更加积极主动地发掘孩子的潜能，激发孩子深层次的能力。有些父母总是不停地否定和批评孩子，不管孩子做得好与不好，他们都能找到借口打击孩子。当这样的亲子沟通方式成为习惯，孩子不可能从父母那里得到积极的鼓励和话语，难免感到非常失望沮丧，也会对自己失去信心。

明智的父母从不吝啬鼓励孩子，哪怕孩子有很多缺点，他们也总是能从孩子的缺点中发现孩子的优点，对孩子大力赞赏。常言道，好孩子都是夸出来的，当父母坚持以自己理想中孩子的模样夸赞孩子，渐渐地就会发现孩子变得越来越优秀。这就是赞美的魔力，也是父母教育孩子的艺术。

作为父母，切勿对孩子有过高的要求。很多父母恨不得把孩子打造成举世无双的完美者，殊不知，这个世界上根本没有真正的完美，也没有无可挑剔的人。俗话说，金无足赤，人无完人，孩子也是如此。父母尽管对于孩子怀有很不切合实际的期望，却要以理解包容的心接纳孩子，更要认识到孩子不可能面面俱到，百分之百完美。这个世界上并不缺少美，只是缺少发现美的眼睛。同样的道理，孩子身上并不缺少优点，而是因为父母没有真正发觉孩子的优点和长处。明智的父母知道，不管孩子在哪一个方面表现出优势，都值得父母感到欣喜和庆幸，也都是父母理应接纳的。

● 情商课堂

真正爱孩子的父母，是发自内心地全盘接纳孩子，理解和包容孩子，欣赏和赞美孩子。父母的爱是孩子成长过程中不可缺少的养分，只有在爱的滋养中成长的孩子，才会更加自信、勇敢、坚强。在人生中，他们哪怕面对艰难坎坷，也从未畏缩和退却，因为他们知道父母是他们永远的后盾，也知道唯有砥砺前行，才能到达人生中更美好的境遇。

让孩子接受他人的评价

  这个周末，琳琳参加了舞蹈学校举办的比赛。原本，琳琳有很大的把握能够取得不错的名次，也许是因为在比赛过程中太过紧张，她居然出现重大失误，导致与获奖无缘。

  比赛之后，琳琳听到了同学们的风言风语。有的同学说，"就她那个水平，还非要参加比赛，简直把脸都丢尽了"；有的同学说，"她不就是仗着爸爸是高干吗，所以总觉得自己高人一等"；还有的同学说："才学习舞蹈几年时间啊，就想上台和那些老学员比赛，简直是自不量力"……同学们说什么的都有，放在以前，琳琳肯定会和同学们争辩，然而这一次琳琳心里很失落，丝毫不想和同学们发生争执，因为她也觉得自己发挥得不好，对自己很失望。傍晚放学，回到家里，面对妈妈询问比赛的结果，琳琳忍不住哭起来。得知事情的原委，妈妈苦口婆心地安慰琳琳："琳琳，每个人在一生之中要经历很多次失败，你这才初尝失败的滋味呢！要知道，人外有人，天外有天，你一定要认识到这一点，也要坦然地接受他人的评价。每个人看问题都从自己的角度出发，很少能够真正体谅他人的辛苦，既然如此，你为何强求他人都对你表示赞赏呢？"妈妈的话平复了琳琳的情绪，经过一番思考，琳琳对妈妈说："妈妈，你说的有道理，我只要尽力就好！"

如果孩子总是特别在意他人的评价，情绪就会跟随着他人的评价不同而起起落落。要知道，世界上并没有绝对完美的人存在，每个人更不可能把每件事都做得非常好。既然如此，我们为何要为了别人而改变自己呢？还记得东施效颦的故事吗？东施为了模仿西施的美丽，最终变得连自己都不像了，惹人笑话。

在这个世界上生存，每个人都需要接受他人的评价，也常常会评价他人。作为成人，也只有少部分人能够坦然地接受他人的评价，作为孩子，在面对他人的评价时，如果得到表扬自然会欣喜万分，而如果遭到批评，他们就会感到难以接受。正因为如此，孩子在得到他人的评价时，往往有着不一样的情绪和感受，忽而喜悦，忽而悲伤，心情因此起伏不定。

意大利诗人但丁曾经说过，走自己的路，让别人说去吧。很多人都十分信奉这句话，意思是说我们应该更关注自己内心的感受，活在自己的世界里，而不要过分在意他人的评价。和控制别人的嘴巴相比，我们更容易控制的是自己的心态，与其因为别人说了什么就心潮澎湃，不如调整好心态，相信自己。俗话说，谁人背后无人说，谁人背后不说人。实际上，每个人不但要面对他人的评价，还常常需要承担各种各样的流言蜚语。尤其是孩子，常常因为过于在意他人的评价而内心受到挫折，非常沮丧失败。在这种情况下，父母一定要引导孩子，告诉孩子被他人评价是正常的，也是必然的。这样孩子在面对挫折的时候，在接受负面评价的时候，才能始终鼓起勇气勇敢面对，也能够振奋精神让自己更快乐地面对人生，拥抱生活，活出独属于自己的精彩。

● 情商课堂

如果我们不管怎么改变，都不能让所有人满意，那么我们为何不坚定不移地做好自己？嘴巴长在别人的身上，他们说话的时候要遵从他们的心，我们没有权利要求他人给出我们所期待的评价。每个人做事情都要任人评说，所有的评价里既有积极的，也有消极的，我们要做的是不理会那些糟糕的负面评价，也不让它们影响我们的心情，而是要笃定内心，坚定不移地做最与众不同的自己。

帮助孩子形成"我"的意识

从开始读小学四年级，琳琳就向爸爸妈妈提出要自己去上学，而不需要爸爸妈妈接送。对于琳琳的这个要求，爸爸妈妈非常反对："那怎么行呢？学校虽然距咱家不远，但是一路上要过两个十字路口呢，太危险！"琳琳据理力争："我们班级里好几个同学从三年级就独自上学和放学了，我为什么不可以？"妈妈斩钉截铁地说："不可以就是不可以，没有理由，你也不要总是问来问去。至少要到小学毕业上初中，你才能自己走。"对于妈妈的这种态度，琳琳很排斥，也很抗拒，却无法说服妈妈改变意见。

　　一个周五下午，学校三点就放学了，因为老师们要开例会，还要进行教研活动。琳琳兴冲冲地回到家里，把书包扔到沙发上，对妈妈说："妈妈，我要和同桌一起去新华书店，她正在楼下等着我呢！"妈妈很惊讶："去新华书店干什么？况且，你得和妈妈一起去啊！"琳琳说："我同桌就在楼下等着我呢！我们要去新华书店买英汉词典。"妈妈又表示反对："你自己从来没买过东西，根本不会买。要我说，还是等我和你一起去买吧，你们两个女孩去不安全。"琳琳很无奈："妈妈，新华书店很近的，而且我是和同桌一起，你还有什么不放心的？"妈妈还是不同意，琳琳气得大哭起来，跑到楼下告诉同桌她不去新华书店了。渐渐地，琳琳什么都不愿意做，等着妈妈帮她把一切安排好，她还不愿意和妈妈说话，即使妈妈主动问她什么，她也是一副爱搭不理的样子。

　　孩子在两岁之前，还没有形成自我意识，因而往往误以为自己与外部世界是浑然一体的，所以不能把自己与外界区别开来。到了两岁左右，随着自我意识的不断发展，细心的父母会发现孩子从不知道护着自己的东西，到对自己的东西看得很紧，还会把喜欢的东西据为己有。他们尤其喜欢说"我"，还常常与父母对着干，故意与父母背道而驰。这就是孩子们自我意识越来越强烈的表现。从心理学角度而言，在自我意识发展的过程中，孩子们的社会性越来越强，而且通过与外部世界的接触与相处，他们变得更加独立自信。从这个意义上来说，自我意识发展的过程，就是孩子不断成长的过程。

当然，自我意识包括很多方面，具体而言，自我意识包括孩子对于自己的评价、对自我的感觉，孩子的自尊心、自制力、自控力等。父母对孩子自我意识的培养起着重要的作用。父母尊重孩子，孩子才能更加自尊自爱；如果父母总是把孩子放在很低的位置上，渐渐地，孩子就会觉得自己无关紧要。父母信任孩子，孩子才会形成自信，孩子越是独立自主，各方面的能力发展就越好，反之，孩子越是依赖父母的照顾，各方面的能力也就会相对发展滞后，或者减弱。明智的父母会从小培养孩子的自我意识，也会支持孩子更加坚持自己的想法，争取在各个方面做得更好。

虽然孩子一出生就依赖父母，父母也总是无微不至地照顾孩子，但是这并不意味着父母与孩子就是一体的，也不意味着父母与孩子之间的相处是毫无嫌隙的。随着孩子的自我意识越来越强,父母会发现孩子开始变得"不听话"。在这种情况下,父母不要总是强迫孩子必须听从自己的建议,而是要尊重孩子的意见和态度,如果认为孩子的想法、做法是可取的,父母还要多多支持和鼓励孩子,这样孩子才会越来越自信,也才会越来越独立和坚强。

情商课堂

孩子从来不是父母的提线木偶,当然,每个父母都不希望孩子没有主见,凡事都依赖父母。归根结底,父母要把孩子培养成独立、自主的人,让孩子可以支撑起自己的人生,成为真正的强者。既然如此,父母不应强行捆绑孩子,而是要抓住各种机会,培养孩子的自主性,引导孩子在更多的情况下独立面对。

让孩子学会反思自己

乐乐读小学六年级了,让妈妈抓狂的是,最近乐乐越来越不听话,对于有些问题,他明知道妈妈说得是对的,也总要和妈妈争辩。看着"死鸭子嘴硬"的乐乐,妈妈感到非常恼火,有的时候,妈妈甚至会被钻牛角尖的乐乐说得哑口无言,只得

第01章 你是独特的自己：先拥有正确的自我认知，情商才有发挥的余地

对乐乐呵斥一通。

最近这段时间，乐乐有些懈怠，越是到了复习的关键时刻，他越是慵懒，除了学校里老师布置的作业之外，他根本不愿意写其他作业。第一个学期的期中考试，乐乐的数学成绩和语文成绩都有了很大的下降。数学试卷上，他做错了好几道题；语文试卷上，对于基础的知识还丢掉了好几分。拿到试卷，妈妈没有像以往一样对乐乐河东狮吼，她没有训斥乐乐，而是决定换一种策略。只见妈妈指着试卷上错误的地方，心平气和地问乐乐："这些题目，你都不会做吗？"乐乐原本做好了挨训的准备，没想到妈妈会对他这么和气。他先是愣了一下，接下来对妈妈说："有的是粗心，有的是不会做。"妈妈说："粗心不是理由，不会做也不是理由，我希望你能找到深层次的原因去解决问题。"乐乐努力认真地反思，对妈妈说："妈妈，我觉得我还是不够熟练。你帮我买些练习册吧，我想每天都做一些课外题，这样才能见识更多的题型。"妈妈感到很欣慰，对乐乐说："发现问题是好事，只要及时改正，查漏补缺，下次就不会再犯这样的错误了。现在你知道，我让你做课外作业是有原因的吧？"乐乐重重地点点头。

妈妈说得很对，发现问题是好事情，因为只有当问题暴露出来，我们才能想方设法去改正问题，而不是被问题蒙在鼓里，也不会因为不知道如何解决问题而让自己陷入困境。人

最大的敌人就是自己，每个人都很难认识自己，也都无法有效地提升自己。作为孩子，在成长的过程中总是犯各种各样的错误，如果不能有的放矢地改正错误，这些错误就是毫无意义和价值的。明智的父母会引导孩子学会自我反省，也将教会孩子如何做才能改正错误，提升和完善自我。

如今有很多孩子从小就在父母无微不至的照顾下成长，渐渐地形成了以自我为中心的错误思想。他们误以为整个宇宙都要围绕着他们转，然而有朝一日走上社会必然会发现现实是很残酷的，也会知道这个世界上除了父母对孩子无私地付出外，没有任何人会对他人无私付出。早一些让孩子学会反思，让孩子知道自己哪里做得好、哪里做得不好，这样，孩子才会更加清醒地认知自己，也才能及时有效地进步和成长。

吾日三省吾身，对于孩子而言，每天进行自我反省也是很重要的。古诗云："不识庐山真面目，只缘身在此山中。"实际上对于孩子来说，最熟悉的陌生人就是自己，因为很少有人能够从主观的思想中跳脱出来，客观地看待自己。反省，就是要客观看待自己，这样可以避免被主观的思想局限，也可以更加理性地思考和处理问题。当然，爸爸妈妈要以身作则，做好孩子的榜样，亲身教会孩子如何反省才能进步。所谓言传身教，实际上在家庭教育之中，父母的身教作用大于言传，因为在日常生活的点点滴滴之中，父母就可以潜移默化地影响孩子，也会在不知不觉中教会孩子很多做人做事的道理。

● 情商课堂

很多父母一旦看到孩子身上的缺点，或者证明孩子犯了错误，就会毫不留情地给孩子指出来。其实，这种做法并不明智。父母要知道，孩子必然另有隐情，因而要洞察孩子的内心，才能以恰当的方式对待孩子。有的时候，孩子如果执意要做某件事情，而父母也知道这件事情并不会招致非常严重的后果，那么为何不给孩子机会去试错呢？这样孩子能够亲身经历，也会得到经验和教训，下次就会选择正确的做法。尤其是在孩子遭遇失败的时候，父母一定要引导孩子从失败中总结经验，吸取教训。失败是成功的阶梯，只有善于从失败中获得成长的孩子，才能真正以失败为契机，坚持努力上进。

给孩子更多的机会为自己做主

看到琳琳因为被剥夺了独立行动的权利，最近一直闷闷不乐，妈妈虽然没有明确和琳琳道歉，实际上也在反思自己：毕竟琳琳已经十岁了，是个大姑娘了，如果继续这样对她严格管教，什么事情都不让她自己做决定，那么将来她一定很难独立生存。尤其是在看到琳琳变得越来越懒惰，什么事情都不愿意亲自去做的时候，妈妈更是担忧琳琳的未来。

为了改变这种情况，妈妈决定换一种方式与琳琳相处。家里最近买了新房子，是为琳琳上初中准备的，正要装修呢！以往，处理这些事情都是妈妈"一言堂"，就连爸爸都很少参与，这次妈妈却一反常态，对琳琳说："琳琳，你想把自己的房间装修成什么样子的？"琳琳漫不经心地回答："什么样子都行！"妈妈说："你要认真想一想啊，这次你的房间怎么装修，会完全取决于你的意见，所以你要考虑全面一些。"琳琳瞪大眼睛，有些不可置信地看着妈妈说："我想把房间粉刷成粉色的，也可以吗？"妈妈点点头。琳琳又问："我想要冰雪奇缘系列的床和书桌，也可以吗？"妈妈又点点头。琳琳高兴极了，当即打开电脑开始查阅装修的资料。妈妈看到琳琳有了兴致，非常欣慰。

很快，琳琳就给出了装修方案，妈妈针对琳琳的装修方案，非常中肯地给琳琳提出了几点建议，让琳琳参考，而不是必须采纳。琳琳简直有些不认识妈妈了，妈妈借此机会对琳琳说："妈妈认为你已经长大了，很多事情可以自己拿主意做决定了。以后，我会尽量减少对你的干涉，给你更多的机会自己做决定。"琳琳高兴得一蹦三尺高。

很多父母都会陷入一个误区，即孩子正在不断地成长，但是他们依然停留在孩子小时候，觉得孩子各方面的能力都很弱，必须依靠父母的照顾和安排才能更好地生存。实际上，如今的孩子已经不再弱小，他们更想做的事情是独立，渐渐地摆脱父母的照顾，依靠自己的能力更好地生存。

人们常说要与时俱进，实际上父母在教养孩子的过程中，也要跟随孩子成长的节奏与时俱进，不断进取。孩子每时每刻都在长大，父母们不能一直停留在孩子的幼年阶段，以对待幼儿的方式去对待孩子。真正好的教育，是让孩子学会更好地生存，也让孩子相信自己有能力把很多事情做得更好。

父母总是想把孩子的每一件事情都安排好，这样会伤害孩子的自信心。然而只有在真正做实事的过程中，孩子们才能证明自己的实力，也才能越来越自信。具体而言，当孩子因为不会做而犯错的时候，父母不要批评和责怪孩子，而是要相信孩子会做得更好；在家庭事务中，或者在与孩子有密切关系的事情中，父母要主动邀请孩子做决定，也要鼓励孩子承担相应的后果。孩子不是生而强大的，父母的信任是孩子力量的源泉，可以激励孩子坚持成长，努力进步！

正如人们常说的，父母的溺爱是对孩子最大的害，明智的父母会对孩子及时放手，会紧跟孩子的脚步，为孩子营造充满爱与自由的环境，让孩子更加健康、茁壮地成长。有自信，孩子更美丽；有自信，孩子才能张开翅膀，努力地飞翔！

情商课堂

父母切勿总是把孩子看成是长不大的小孩,否则孩子会永远长不大。孩子小小的身躯里蕴含着强大的能量,父母要成为点燃孩子能量的人,而不要看轻孩子,也不要总是否定孩子。唯有给予孩子更多的机会去尝试,给予孩子认可和赞赏,父母才能激发孩子内心深处的力量,让孩子变得更加坚定勇敢,无畏前行。

告诉孩子不要当骄傲的"小公鸡"

最近,在妈妈的鼓励之下,琳琳对于学习的热情越来越高,学习成绩也有所提升。尤其是在这次月考中,琳琳的数学成绩居然出现触底反弹的情况,从班级里的倒数几名,一跃成为正数几名,这可是琳琳有史以来的好成绩啊!妈妈很开心,还奖励给琳琳一条漂亮的裙子呢!

有了这次成功考取前几名的经验,琳琳的信心明显增强。她对妈妈说:"妈妈,下次考试,我会把语文和英语成绩也提升上来的。"看着琳琳有些骄傲自满,妈妈默不作声:"孩子,你哪里知道一次考试的成功和失败并不能代表什么呢!"妈妈决定就这样放任琳琳,让现实给予琳琳沉痛的打击。

果不其然，又一次期末考试，琳琳非但没有如愿以偿地提升语文和英语成绩，反而数学成绩又遭遇了滑铁卢。这下子，琳琳就像是战败的公鸡一样蔫头耷脑的，再也说不出豪言壮语了。妈妈借此机会，赶紧教育琳琳："琳琳，你还记得在小学低年级阶段学过的一篇课文吗——《骄傲的小公鸡》。"琳琳当然知道妈妈是什么意思，满脸通红地低下头。妈妈说："一次考试，不管是成功还是失败，都不代表什么。学习是一个漫长的过程，成长更是贯穿人的整个生命。其实，妈妈早就看出来你有些骄傲，但是没有提醒你，目的就是让你知道骄傲的后果。相信有了这次经历，你一定会戒骄戒躁，在学习中沉下心来，一步一个脚印地向前走。"

谦虚使人进步，骄傲使人落后。我们知道，一个人如果总是自高自大，就不可能对自己有中肯的认知，而且他们看待自己的眼光就像是一个放大镜一样，会把自身的优点无限放大，因而变得更加狂妄自大。每当看到孩子们因为取得了小小的成就就开始骄傲，父母一定要及时地提醒孩子，把孩子翘上天的尾巴压一压，这样才能让孩子更加脚踏实地地走好成长的道路。

父母要告诉孩子，人外有人，天外有天，让孩子知道他的优秀并非无人能及。只有当孩子能够更多地看到他人的优点，也知道自己很多地方需要向他人学习时，才能坚持成长，这样孩子们对于学习的态度会有所转变，也会更加本分，踏踏实实。如今，很多父母都信奉赏识教育，为此总是慷慨地赞美孩子，夸赞孩子"聪明"等。不得不说，这正是孩子自我膨胀的重要原因之一。赞美，固然是孩子需要的，也能激励孩子进取，然而凡事皆有度，避免过犹不及。父母对于孩子的表扬一定要适度，否则就会事与愿违。不可否认，孩子身上的确有很多优点和特长，但是他们并不像父母夸大其词所说的那样神乎其神。父母爱孩子的心情，是可以理解的，但是却不应因为任何原因而误导孩子。在表扬孩子的时候，要言辞恳切，还要就事论事，实事求是，就像批评的时候不能给孩子贴上负面标签一样。表扬的时候也不能过于夸张，唯有面面俱到做好对孩子的引导，才能保证孩子得到正确的教育，也才能保证孩子的成长始终在正轨上。

情商课堂

为了避免孩子因为自视甚高或者狂妄自大而飘飘然，父母不妨对孩子展开挫折教育。现代社会，有太多的孩子都在顺境中成长，从未感受到挫折的滋味。泡在蜜罐里，对于孩子的成长和人生并非一件好事，只会让孩子误以为人生本来就是没有任何烦恼的。但是作为父母很清楚人生的真相，也知道现实的残酷，何不提前引导孩子接受失败，让孩子感受到人生的酸甜苦辣呢？这样孩子将来才能内心强大，也才能从容地面对人生。

第 01 章　你是独特的自己：先拥有正确的自我认知，情商才有发挥的余地

想象力丰富的孩子，情商更高

很多孩子都喜欢米老鼠，米老鼠是世界动画领域里最经典的形象，给无数孩子的童年带来了欢乐。作为米老鼠的创始人，迪士尼是如何设计出米老鼠形象的呢？这与迪士尼充满快乐、想象力丰富的童年生活密不可分。

迪士尼从小生活在美国的一个农场中，他的爸爸就是农场主。在大自然之中自由地生长，让迪士尼的内心无忧无虑，无拘无束。他每天都可以在辽阔的大地上玩耍，不但与农场里的各种家禽亲密接触，还有机会接触到自然界的小动物。正是因为这些活泼可爱的动物形象深植于迪士尼的心中，所以他在未来进行动画创作的时候，才有了丰富的素材，也有了源源不断的动力。后来，迪士尼成立了属于自己的公司，他的公司以实现梦想为宗旨，在漫长的时间里始终为全世界的儿童提供好看的动画，也给无数的孩子带来了快乐。

孩子的想象力和情商之间有什么关系呢？有心理学家经过研究发现，孩子的想象力会随着不断的成长而变弱，这是因为孩子逐渐长大，随心所欲的想象被现实禁锢。对于孩子而言，想象力是很重要的，只有拥有想象力，孩子才会创新，才能在虚拟的世界里自在地畅行。只有拥有想象力，孩子们的内心才会更加自由，他们借助于想象的翅膀纵情地飞翔。

日本的高桥浩曾经说过，"所谓天才，就是善于想象的那些人，他们有着创造的源泉，解决问题从不拘谨。也因为思想的跨度很大，他们常常在现实与想象中跳跃，充满了灵性。"在世界儿童读物历史上，那些优秀的童话读物也是以想象力为基础，才能吸引孩子的兴趣，让孩子对于精美的绘本爱不释手的。想象力如此重要，父母一定要保护好孩子的想象力，并帮助孩子发展想象力。

遗憾的是，现实生活中，很多父母都缺乏想象力。看到孩子把他们辛苦收拾好的家弄得乱七八糟，他们难免会抓狂，第一时间就会破坏孩子辛苦搭建的"城堡"，而只为了让家里恢复固有的干净和整洁。在此过程中，父母不知不觉间摧毁了孩子的想象力，甚至毁掉了孩子原本天才的人生。

童年时期，孩子的想象力是非常丰富的。面对孩子天马行空的想象，父母一定要谨慎保护好孩子的想象力，而不要总是对孩子指手画脚，破坏孩子的想象力。明智的父母在陪伴孩子的时候，会激发起自己内心深处的纯真和善良，会努力地给孩子发挥想象力的空间，和孩子一起以想象力为翅膀，绘画人生，描摹快乐。

● 情商课堂

父母要接受孩子一切的奇思妙想，积极地采取各种方式培养孩子的创新思维，发展孩子的创造力。有些父母希望孩子对自己言听计从,却不知道当孩子失去自己的思想和主见,想象力也会随之干涸。作为父母,不要以"听话"作为培养孩子的目标,而是要让孩子学会质疑,也要鼓励孩子能够发出自己的声音,表达自己的独特想法,坚持自己的主见。这样的孩子才是独一无二的,也才会表现出自己最真实的模样!

第 02 章

希望你是快乐的：
保护好孩子的心灵，让孩子拥有抵御坏情绪的能力

> 情绪看似无形，却会对每个人都产生影响，尤其是孩子更是情绪化的，在很短的时间内，情绪就会发生各种变化。父母要想培养孩子的高情商，首先应教会孩子识别和控制情绪，其次应引导孩子努力地控制坏情绪，抵御坏情绪的侵袭。只有主宰和驾驭了情绪，孩子才会成为自身的主人，也才能让心灵充实而快乐。这就要求父母们在陪伴孩子的过程中，有意识地疏导孩子的情绪，帮助孩子保持心情愉悦，从而使亲子关系更加和谐融洽。

孩子需要平静的情绪状态

最近这段时间,妈妈发现乐乐越来越暴躁,总是喜欢用反问句来质疑爸爸妈妈,每当感到愤怒来袭的时候,他还会使用排比句式来与他人争辩,虽然带有排山倒海之势,可却常常让人倍感压力,很容易就把人心中的愤怒也激发出来。每天傍晚,一家三口一起驾车回家的时候,爸爸经常和乐乐发生争吵,这让妈妈感到很苦恼:为何不能有一段愉快的回家之路,而总是说着说着就剑拔弩张,恨不得当即和其他人吵起来呢?妈妈决定和乐乐好好谈一谈,也和爸爸好好谈一谈。

妈妈认真观察了乐乐的表现,发现乐乐最不喜欢被否定,也不喜欢被质疑。而爸爸呢,偏偏带着一副教训乐乐的架势,常常想要教训乐乐。正因为如此,他们父子之间的沟通才会常常爆发冲突。妈妈对爸爸说:"你既然知道孩子的软肋,就不要总是故意激怒他,否则他只会把愤怒当成一种习惯。你为何不能和他说起那些愉快的事情呢?这样他才更愿意倾听你的话,也更愿意积极地采纳你的意见。"爸爸说:"这个世界上哪有那么多的顺心如意,现在我凡事都顺着他,说话也专挑他喜欢听的,将来他走上社会呢?"妈妈有些无奈:"我不是说

第02章 希望你是快乐的：保护好孩子的心灵，让孩子拥有抵御坏情绪的能力

你要凡事都满足他，而是说你要与他建立愉快的沟通模式，否则一旦形成习惯，他将来和别人沟通也这样针锋相对的，你觉得合适吗？"妈妈用了很长时间，才让爸爸意识到帮助孩子保持愉悦的情绪很重要。当然，妈妈也没有忘记和乐乐沟通："你每次和爸爸说话能心平气和吗？且不说你要尊重爸爸，你还要为了自己好，不要把愤怒的闸门安装在别人身上。否则，以后别人要想打败你，完全不需要做什么事情，而只需要激怒你，你就会歇斯底里犹如困兽，毫无反击之力。"乐乐已经读小学六年级了，当然能听懂妈妈说的话。沉思片刻，他认为妈妈说得很有道理，表示以后会努力调整和控制情绪。

每个人每天都会产生各种情绪，与其被情绪驾驭和奴役，不如调整好心态，努力地成为情绪的主宰，尽量避免被情绪影响自己的生活和学习。虽然孩子的本性就是天真浪漫的，也是充满热情且很善变的，但是在成长和生活的过程中，孩子常常需要平静的情绪，才能有更多的收获，也有更好的表现。父母在培养孩子的情商时，首先要做的就是引导孩子保持平静的情绪，努力控制消极的情绪，积极地产生正面情绪，这样孩子的成长会更快乐，也会更充实。

自古以来，很多名人、伟人都很注重对情绪的管理。清朝时期，虎门销烟的功臣林则徐就曾在墙壁上挂着一幅字画，字画的内容就是"制怒"。每一个做大事的人，每一个想要成

就人生的人，都要先战胜自己，控制住情绪，才能有更好的表现。具体来说，父母如何帮助孩子控制情绪，保持良好的情绪状态呢？首先，父母在与孩子沟通的时候，要选择适宜的沟通方法，因为在亲子关系中，父母还是处于相对主导地位的，所以要想帮助孩子保持愉悦情绪，父母就要先从自己做起。其次，一旦孩子情绪失控，父母不要试图与孩子讲道理，因为孩子在盛怒之下根本无法听进任何道理。明智的做法是，把孩子带离引起他愤怒的环境，这样才能消除诱导孩子产生不良情绪的因素，有效地帮助孩子控制情绪。再次，还可以采取转移注意力的方式，把孩子的情绪转移到使他高兴的事情上，当孩子感受到愉悦的情绪，再想起令自己生气的事情，也就不会那么愤怒了。最后，父母要接纳和包容孩子的坏情绪。很多父母一旦看到孩子生气，马上更加生气来应对孩子的情绪，不得不说，这是非常糟糕的，只会导致父母和孩子的情绪都陷入负面循环之中，无法自拔。要想亲子关系和谐，要想亲子沟通顺畅，最重要的就是父母全盘接纳孩子的情绪，认可和安抚孩子的情绪，认真倾听孩子的讲述，这样能够快速帮助孩子恢复平静的情绪，对于孩子的成长是很有好处的。

当然，孩子情绪波动的原因多种多样。作为父母，一定要洞察孩子愤怒背后隐藏的原因，这样才能有针对性地解决问题，帮助孩子恢复平静。曾经有心理学家指出，愤怒会使人的智商瞬间降低，由此看来，愤怒也会影响孩子的学习和生活。明智的父母应尽量为孩子营造良好的成长氛围和生活环境，这样会助力孩子的成长，让孩子的童年更快乐。

● 情商课堂

每个孩子都是与众不同的生命个体，父母每天与孩子亲密接触，要更加了解孩子的内心，洞察孩子情绪情感的状态。当孩子被负面情绪困扰的时候，父母要尽力帮助孩子摆脱负面情绪，如果情绪始终纠缠孩子，那么父母就要发自内心地接纳孩子的情绪，接纳孩子成长中的一切表现。

帮助孩子远离不良情绪的困扰

最近这段时间，在妈妈的引导下，乐乐和爸爸的沟通状态有了很大的好转，终于能够做到大多数时候都心平气和地交流了。然而，没过多久，妈妈发现乐乐的情绪又有了微妙的变化，原来乐乐总是表现出闷闷不乐的样子，似乎有着满腹心事。妈妈知道乐乐正处于青春期，内心非常敏感。一个周末，在合适的机会下，妈妈关切地问乐乐："乐乐，最近你怎么不开心呢？"乐乐看了一眼妈妈，说："没什么。"妈妈当然不相信，对乐乐说："乐乐，不管是生活中还是学习上遇到了什么困难，都要第一时间告诉妈妈，知道吗？有些你不懂的问题，或者不知道如何处理的难题，妈妈都会为你出谋划策的。"显然，妈妈的话打动了乐乐，乐乐犹豫了一下，对妈妈说："因为我在课堂上讲话，和老师之间发生了争执，我觉得老师不喜欢我了。"

显而易见，这是一个很严重的问题，也很棘手。妈妈向乐乐问清楚原因，意识到乐乐是因为觉得老师偏向班委，才会和老师争执的。毫无疑问，在此事件中，老师的处理的确存在问题，但是妈妈不能当着乐乐的面否定老师。为此，妈妈语重心长对乐乐说："乐乐，老师需要管理班级里四十五个同学，你觉得老师累不累呢？说实话，我和爸爸一起管教你，都常常觉得很疲惫，很劳累。"乐乐说："当然很累，但是这不是偏向的理由吧！"妈妈说："的确，老师是应该公正的。但是老师也是人，不是神仙，不可能做到绝对公正。你想啊，老师又不能一直在教室里看着你们，老师不在的时候，就需要班委来维持秩序。虽然这件事情上，老师知道班委对你惩罚过重，但是老师必须维护班委的权威。否则，以后班委说的话，还有谁会听从呢？每个人所处的位置不同，就决定了不同的人在看待同一件事情的时候，视角是不同的，得到的结论和采取的处理方式，也不相同。你只顾着自己心中的对错，老师要考虑到维护班委的权威对全班同学的影响，知道吗？"在妈妈耐心的解释

第 02 章　希望你是快乐的：保护好孩子的心灵，让孩子拥有抵御坏情绪的能力

下，乐乐才想明白其中的道理，也意识到了老师的良苦用心。

　　青春期的孩子情绪波动很大，时而欣喜若狂，时而沮丧失落。作为父母，要敏感觉察青春期孩子的情绪变化，也要及时地给予孩子引导和帮助，这样才能帮助孩子摆脱不良情绪的困扰。案例中，乐乐已经读小学六年级，与老师、同学之间的关系都会比之前更加复杂微妙。得知乐乐与老师之间发生矛盾的经过后，妈妈的处理方式很好，既没有一味地批评乐乐，也没有在乐乐面前指责老师，而是把老师的立场和处理问题的初衷分析给乐乐听，这样才让乐乐真正理解老师。

　　很多孩子之所以会陷入负面情绪之中无法自拔，往往是因为他们钻牛角尖，进入了思维的死胡同。要想有效帮助孩子摆脱负面情绪，父母就要打开孩子的思路，引导孩子以发散性思维思考问题，从不同的方面剖析问题。相信当孩子的思路越来越宽，他们就能够驾驭自己的情绪了。

● 情商课堂

　　没有人愿意被否定，孩子也是如此。父母要想帮助孩子疏导负面情绪，先不要急于否定孩子的负面情绪，而是要以包容的态度接纳孩子的负面情绪，这样才能有效地安抚孩子的紧张情绪，也才能打开孩子的心扉，把话说到孩子心里去。建立顺畅的沟通渠道，是实现这一切的前提条件，也是父母必须在教育和引导孩子之前就努力做到的。除了需要孩子用发散性思维

来看待和处理问题之外,面对孩子出现的各种问题,父母也要以发散性思维来进行教育的思考,从而以更加平和和宽容的态度对待孩子。

给予孩子合适的情绪宣泄渠道

看到乐乐因为与老师之间发生冲突而闷闷不乐,虽然妈妈已经引导乐乐正确思考这个问题、理解老师的苦衷,但是妈妈认为还是很有必要帮助乐乐宣泄不良情绪,恢复昔日的阳光。周末,妈妈知道乐乐一直以来都想玩真人CS,所以提前为乐乐和爸爸购买了门票,邀请他们俩玩真人CS。乐乐得知可以去玩心仪已久的游戏,非常高兴,马上兴致勃勃地开始准备行装。

这是乐乐第一次玩真人CS,他觉得自己好像进入了游戏的世界里,拿着枪支,背着弹药,穿越丛林,脸上还涂抹着迷彩,太酷了。乐乐玩得不亦乐乎,一场游戏打下来,浑身都是汗水,但是内心非常轻松。看着明显恢复情绪的乐乐,妈妈也很开心。妈妈对乐乐说:"乐乐,心情不好的时候,可以做一些开心的事情,帮助自己赶走不快,这样才能让自己更快乐。你可以玩游戏、看电影、看书,也可以去爬山,还可以蒙头大睡。总之,只要是对自己健康无害,且有助于发泄情绪的方式，都可以采用。这样你会感到很轻松，也会觉得很愉快。"乐乐点点头，说："妈妈，谢谢你为我和爸爸安排真人CS，我以后会及时调整不良情绪的。我可以每年都来玩一次真人CS吗？"妈妈点点说："当然可以。"

　　明智的妈妈及时为乐乐安排了游戏，帮助乐乐宣泄不良情绪，尽快恢复快乐轻松的心态。很多成人都有这样的感触：当情绪不好的时候，不管做什么事情都提不起兴致，也没有效率。作为成人，对于自身情绪的体察能力和处理能力相对较强，往往能够有意识地采取恰当的措施来宣泄情绪。而作为孩子，对于自身情绪的体察能力相对比较弱，往往处于郁郁寡欢的状态而不自知。在这种情况下，父母就要引导孩子以合理方式宣泄情绪，也要教会孩子排解不良情绪，保持愉快情绪。

　　作为父母，既可以为孩子指明宣泄情绪的方式，也可以在日常生活中以身示范，潜移默化地教会孩子以积极的状态应对不良情绪。很多父母脾气暴躁，每当情绪来袭时，就会采取不当的方式发泄情绪，这会对孩子造成很恶劣的影响。父母是孩子的第一任老师，也是孩子最好的榜样，一定要给孩子积极的影响。

　　当发现孩子的情绪宣泄方式不当，父母还可以为孩子提出合理化建议，提供更好的方式及时给孩子消除不良情绪。相信孩子会理解父母的苦心，也会积极主动地驾驭情绪。俗话说，五月的天，孩子的脸。既然孩子的情绪总是阴晴不定的，父母当然有必要接纳孩子的情绪，也要引导孩子正确处理情绪，这样孩子才能与情绪和谐相处，也才能让自己的内心充满积极的力量。

● 情商课堂

很多父母对于孩子的负面情绪不以为然，觉得孩子的情绪阴晴不定很正常，为此对孩子的负面情绪采取放任自流的态度。实际上，负面情绪不但会对孩子的精神和情绪状态产生影响，也会对孩子的身体状态产生影响。强烈的负面情绪会刺激孩子的内脏器官，也会引起人体的应激反应，释放出大量的肾上腺素。这种情况下，如果孩子不能及时把负面能量发泄出来，就会导致能量向内危害身体，使得情绪更加恶劣。父母只有教会孩子以恰当的方式处理情绪问题，孩子才能保持心情愉悦，内心平静。

让孩子远离抑郁这个"隐形杀手"

自从升入初二，菲菲从曾经阳光开朗爱笑的女孩，变成了内向抑郁严肃的女孩。看着菲菲的变化，妈妈常常说："这个孩子不知道怎么了，自从升入初二，就像变了一个人一样，就

第02章　希望你是快乐的：保护好孩子的心灵，让孩子拥有抵御坏情绪的能力

算学习的压力很大，也不至于如此吧，谁还没上过学呢！"听到妈妈的话，菲菲也不争辩，常常默默地回到房间里写作业。

菲菲心里很苦闷，到了初二课业压力增大，班级里几乎每个同学都在上课外班，但是菲菲知道爸爸妈妈经济能力有限，她虽然也想上课外班，却不能向爸爸妈妈提出要求。眼看着很多同学都弯道超车，在学习上超过自己，菲菲很着急，也很努力地学习，但还是不能如愿以偿地获得进步。正因为如此，争强好胜的菲菲才这么难过。然而，妈妈对这一切浑然不知。想到未来学习的道路还很长，自己却注定要始终落后，周六，爸爸妈妈都去加班，菲菲居然一时想不开，吃了半瓶安眠药。妈妈提前处理完工作上的事情，赶回家里给菲菲做饭，才发现菲菲昏睡着。又看到旁边安眠药的瓶子，妈妈当即拨打120。到了医院，医生给菲菲洗胃，灌肠，一通折腾之后，终于把菲菲从鬼门关拉了回来。在医生的建议下，妈妈这才意识到菲菲有心理问题，因而带着菲菲去看心理医生。心理医生诊断，菲菲患有重度抑郁症，需要服用药物进行治疗，才能有所好转。

如今，越来越多的孩子受到抑郁症的困扰，父母再也不要觉得抑郁症是成人的专利，而要更加关注孩子的心理和情绪状态，这样才能及时体察孩子的情绪状态，要有效地帮助孩子走出情绪的泥沼。很多父母都觉得小孩子什么都不懂，只是"少年不识愁滋味，为赋新词强说愁"。实际上，孩子的内心世界

非常丰富，情感也十分敏感细腻。

在孩子的成长阶段，父母是与孩子接触最多的人。当孩子开始出现明显的异常，如不喜欢与人接触，对外界的事物表现出怀疑，对于一切都不感兴趣，觉得身体不舒服等，都是孩子在向父母发出信号：孩子很有可能抑郁了。太多的父母只关注孩子身体上的疾病，而对于孩子心理上的疾病视若无睹，或者根本没有意识到孩子的心理也会生病。实际上，从对孩子的危害而言，心理疾病是更加严重的，因为心理疾病会让孩子失去生的希望，也会让孩子变得悲观厌世。身体上的疾病在如今先进的医疗条件下是可以治愈的，而心理上的疾病要想治愈则非常困难。有调查机构经过调查证实，对于孩子而言，抑郁症已经成为继自卑之后的第二大杀手，严重影响孩子的心理健康。随着社会的发展和进步，不仅成人承担着沉重的压力，孩子也同样承担着压力，加之需要面对成长的困惑和难题，他们的内心倍受煎熬。

作为父母，一定要意识到心理问题的严重性，也要对孩子给予更多的关注和引导。当发现孩子承受着压力时，父母要第一时间帮助孩子缓解压力。当然，很多父母对孩子的忽视，不是无视孩子的压力，而是与孩子沟通太少，不能走进孩子的内心，也无法真正了解孩子。建立与孩子的沟通渠道，随时与孩子保持沟通，才是父母及时发现孩子困扰的关键所在。在意识到孩子陷入抑郁之后，父母切勿对此不以为然，而是要以更加深重的态度对待孩子，认可孩子的烦恼，接受孩子的情绪与感受，也以孩子能够接受的方式帮助孩子发泄不良情绪。少量的负面情绪并不会给孩子带来严重的影响，然而，量变引起质变，如果各种负面情绪持续积累，就会影响孩子的健康快乐成长，也会给父母带来生命不能承受之重。父母一定要重视孩子的情绪健康，多与孩子沟通，采取恰当的方式帮助孩子驱散负面情绪，远离抑郁。

● 情商课堂

很多孩子从小在父母无微不至的照顾中成长，渐渐养成了衣来伸手、饭来张口的坏习惯，而且总是顺遂如意，很少遭遇失败的打击。这样在蜜罐里泡大的孩子，心理承受能力往往很差，一旦离开家庭环境，没有父母的保护，见识到现实的残酷，他们就会产生巨大的心理落差。父母应该给孩子适度的挫折教育，从而帮助孩子历练内心，变得更加坚强和勇敢。

父母的信任是对孩子最大的支持

马上就要升入初中了，乐乐给自己确定的目标是考上重点初中。其实，乐乐的成绩在班级里大概排名第十名，因为每次考试发挥水平不同,所以排名会略有浮动。要想进入重点初中,显然乐乐需要付出很大的努力,因为全校六个平行班中,能够考入重点初中的孩子不超过十个。这意味着乐乐要把成绩提升到班级前三名,才有希望升入重点初中。

一开始听到乐乐的豪言壮语,妈妈心中直犯嘀咕:以乐乐的能力,能考入重点初中吗?妈妈对此深表怀疑。然而,妈妈知道,父母的信任是对孩子最大的支持。因而妈妈对乐乐说:"妈妈相信你一定能够考入重点初中。其实,你上的课外班很少,不像班级里其他同学那样从小就开始上课外班。乐乐,你觉得需要妈妈怎么支持你呢?你愿意上课外班提优吗?"乐乐点点头,说:"妈妈,可以给我报名英语和数学的课外班,我想上。"妈妈当即考察了几个课外班,后来给乐乐报名参加了一个资质很好的补习班。果然,乐乐开足马力,每天除了上课,就是去课外班学习,在升学考试中,他的成绩居然比重点中学的分数线高出十几分。看到这样的结果,妈妈高兴极了,也由衷地对乐乐竖起大拇指:"真是老虎发威,简直太厉害了!"

经历了这次小升初的冲刺,乐乐的信心大大提升,他才进入初中,就把考重点高中当成自己的目标,学习上充满动力。

乐乐小升初冲刺之所以能够成功,离不开妈妈的支持和帮助。如果妈妈当时对乐乐说"就凭你这样也想考入重点初中,简直在做梦吧",那么乐乐一定会感到非常沮丧,也就无法开足马力努力学习。在孩子心目中,父母的分量是很重的,尤其是在孩子还不善于自我评价,也缺乏自信的情况下,父母的评价会给孩子带来强大的力量。作为父母,一定要充分相信孩子,这是给予孩子的最大支持。

　　父母对孩子的信任,除了表现在相信孩子的能力之外,还表现在相信孩子讲的话。随着年龄的增长,孩子更加深入社会生活中,接触的人越来越多,与他人之间的相处也会产生更多琐碎的问题。很多父母一旦看到孩子与他人发生矛盾或者争执,第一时间就会批评孩子,这种自我反省、不护短的态度当然是好的,但是却不要随便使用,否则会伤害孩子的心,让孩子误以为父母不爱他们。对于成长之中的孩子而言,犯错正是他们成长的常态,作为父母,一定要包容孩子,不管孩子犯了什么错误,父母都要第一时间倾听孩子,理解和尊重孩子,再理性地为孩子剖析原因。如果父母不分青红皂白,劈头盖脸就对孩子一通数落,显而易见,孩子是很难接受的。明智的父母知道,对于孩子的负面情绪宜疏不宜堵,父母的信任会让孩子以更平和的方式发泄愤怒,而不会歇斯底里地让愤怒成为对自己和对他人最深的伤害。

● 情商课堂

　　父母要允许孩子表达内心的委屈,发泄负面的情绪,要相信孩子，也要认真地聆听孩子，才能有效地帮助孩子平复情绪。不管孩子犯了什么错误，父母都是孩子唯一信赖的人，父母要成为孩子最坚强的后盾。有些孩子的内心非常幼稚，那么父母就要在抚养孩子成长的过程中，给予孩子更多的机会去历练。所谓不经历无以成经验，对于很多道理，孩子只靠着听父母去讲述根本无法领悟，只有亲身经历才会有更深刻的理解。这对于孩子的成长至关重要。

允许孩子表达内心的不满

经过一段时间的调整，爸爸妈妈与乐乐之间的沟通越来越平和，越来越顺畅，和以往动辄就互怼的情况截然不同。有一天，爸爸开车和妈妈一起送乐乐上学，乐乐对妈妈说："妈妈，今天下午学校拍摄毕业照，所以没有延长班，我大概四点就放学了，可以自己回家吗？"妈妈说："随你便。"乐乐有些郁闷，对妈妈说："妈妈，我不喜欢听你说'随你便'三个字，'随你便'到底是什么意思啊？"妈妈说："'随你便'就是你愿意怎么做就怎么做，主动权在你的手上。"乐乐说："但是，我总觉得'随你便'是你爱咋咋地的意思，给我不支持的感觉。"

听到乐乐的反馈，妈妈认真想了想，说："的确，我在说'随你便'的时候，是不想让你自己坐车回家的，但是我觉得不能干涉你，因而就心不甘情不愿地说'随你便'。"乐乐不吭声，妈妈反思自己，说："这次我要表扬你，因为你能平静地对我把你心中的感受说出来，让我了解你的感受，也可以反思自己，改变与你说话的方式。我们没有争吵，而是针对这三个字展开了讨论，这很好。以后，我们都要进行积极的沟通，坚持做得更好，好吗？"乐乐点点头。

如果乐乐对于妈妈所说的"随你便"不满意，就与妈妈争吵："你这是什么态度？要是这样，我以后做什么事情都不用再问你了吧？"这样一来，妈妈与乐乐的关系就会剑拔弩张，说不定作为驾驶员的爸爸也会加入争执，训斥乐乐对于妈妈的态度不应该。从本质上来说，父母与孩子的关系应该是平等的，遗憾的是很多父母都分不清楚这其中的关系，总是觉得父母可以对孩子居高临下、颐指气使，而孩子必须对父母毕恭毕敬、言听计从。

孩子是独立的生命个体，虽然依赖于父母的照顾而生存，但从来不是父母的附属品，更不是父母的私有物。父母要想与孩子更好地相处，就要尊重孩子。人与人的关系是相互的，如果父母尊重孩子，孩子当然也会尊重父母。反之，如果父母总是对孩子缺乏耐心，也不愿意好好地与孩子说话，孩子就会养成厌烦父母的坏习惯。

当然，除了沟通之外，父母与孩子还有很多相处方式。哪怕是孩子在外面受到委屈，感到生气，也有可能会影响到与父母的相处。父母既不要一味地迁就孩子，也不要对孩子的宣泄采取消极抗拒的态度，而是要根据孩子不同的情绪状态，有针对性地引导孩子，帮助孩子疏导情绪，这样孩子的身心发展才会更健康，情绪也能始终保持愉悦和平静。

远古时期，大禹治水，三过家门而不入，被传为美谈。那么，大禹治水，为何几次都不能成功呢？就是因为大禹采取堵的方法治水，导致水患非但没有得到治理，反而越来越严重。后来，大禹改变思路，采取疏通的方式治水，果然水患好转，他也终于可以回家了。父母要想引导孩子疏通情绪问题，就要给孩子合理的宣泄渠道，支持孩子的正常情绪发泄。有些父母觉得孩子哭闹不休很烦人，就会禁止孩子发泄情绪，这其实是错误的做法。试问，孩子最信任的人就是父母，如果在父母面前不能摘下面具，把真实的情绪状态呈现出来，那么孩子如何能够快乐呢？父母要知道，孩子愿意向父母表达心声、表现情绪，是一件好事，这至少说明孩子信任父母，依赖父母，也愿意对父母敞开心扉。父母要珍惜孩子的倾诉，借此机会与孩子建立如同朋友一样的亲子关系。这样等到孩子长大，父母与孩子才能友好相处，也才能与孩子之间有更加深入的交流与互动。

● 情商课堂

　　面对暴怒的孩子，父母要让孩子先静下心来，可以倾听孩子，也可以给孩子一个默默的拥抱，这对于平复孩子的情绪有很大好处。孩子很需要父母给予的安全感，因而父母切勿训斥原本就情绪激动的孩子，否则只会更加激化孩子的情绪。

　　对于孩子发泄情绪的行为，父母要积极地接纳，必要的情况下，父母还可以提供给孩子更有效的方式宣泄情绪。当然，父母还要言传身教，以自己作为榜样教会孩子如何面对和消除负面情绪。当孩子学会处理情绪，他们一生将受益匪浅。

及时引导孩子消除愤怒的情绪

　　现实生活中，父母与孩子之间朝夕相处，关系亲密，感情也很深厚，但是依然会因为各种各样的原因而导致彼此之间发生争吵。这些争吵很少牵涉到原则性问题，而是大多都与琐碎的日常小事有关。也有的时候，父母从成人的眼光看待问题，而孩子以幼稚单纯的眼光看待问题，就会因此而与父母产生分歧。尤其是有些父母对于孩子的控制欲很强，总是坚决制止孩子做一些事情，而孩子又很想做这些事情。可想而知，父母与孩子之间相亲相爱是常态，相互争吵也是常态。

很多父母都说孩子惹人生气，殊不知，当发生分歧或者矛盾的时候，生气的绝不仅仅只是父母，孩子也会非常生气。不管是对于成人而言，还是对于孩子而言，愤怒都是一种负面情绪。古人云，气大伤肝，这就告诉我们愤怒会对肝脏造成损伤。现代医学经过研究也发现，当人处于愤怒的状态时，身体会发生一系列的生理反应，如心跳加速，胆汁分泌增多，呼吸非常急促且紧迫，有些人甚至会出现浑身颤抖的情况。这都是愤怒对人的身体健康产生的严重影响，也是可以看到的。

愤怒是原始情绪，从人类诞生之初，愤怒的情绪就与人如影随形。有些父母认为孩子不为吃喝发愁，也没有压力，只需要搞好学习，理应是无忧无虑的。其实不然。孩子虽然还小，但也是社会的成员之一，在社会中生存，他们同样会与外部世界有各种各样的矛盾和摩擦。例如，他们会与同学之间发生争执，会被老师批评，会因为上学迟到而被同学嘲笑，青春期的孩子还会因为感情而产生困扰。这些琐碎的事情都会引起孩子的愤怒，如果孩子不能采取正确的方式应对愤怒，也不能及时消除愤怒等负面情绪，就会陷入深深的愤怒之中，也会导致个体随着愤怒情绪的激化，而变得意志力薄弱，暴躁易怒，理解能力和判断能力都急速下降，根本不能有效地控制自己和管理自己。那么，作为父母，要怎么做才能帮助孩子缓解愤怒，消除愤怒呢？

首先，父母要了解孩子愤怒的原因。孩子愤怒一定是有原因的，他们不会无缘无故地生气。只有找到愤怒表象背后隐藏的原因，父母才能有效地解开孩子的心结，舒缓孩子的愤怒。

其次，父母要让孩子认识到愤怒的后果。愤怒本身并不能解决任何问题，一切的愤怒只会导致人们情绪失控，也会使得一切变得更加糟糕。而且，愤怒的人样子丑陋，是缺乏教养的表现。古今中外，很多伟大的人物都能做到合理控制自己的情绪，即使面对糟糕的情况，也能谈笑风生，这是胸襟和气度的表现。

再次，愤怒是人际关系的杀手，那些总是喜欢生气的孩子，人际关系往往很糟糕。如果不想让孩子变成孤家寡人，父母必须提升孩子的情商，让孩子能够控制自己的情绪，不要总是陷入癫狂的愤怒状态。

最后，父母可以针对孩子进行一些放松和控制的训练，如引导孩子放松心情，教会孩子始终保持适度的语调，而不要喊叫。还要让孩子学会对情绪叫停，当负面情绪来袭的时候，如果不能有效地缓解和控制负面情绪，就要当即转移情绪，把惹自己生气的事情暂时搁置下来，这样才能控制住事态，避免事态升级。

情商课堂

在一个家庭里，不管是父母还是孩子，如果情绪暴躁易怒，一定会给家庭生活带来不良影响。父母首先要管理和控制好情绪，为孩子营造充满爱与自由的成长环境，才能以身示范潜移默化地影响孩子。尤其是在爆发亲子冲突的时候，父母作为亲子关系的主导者，更要控制好自己，才能避免亲子矛盾升级，也才能合理地解决亲子矛盾。

让孩子远离悲观，积极向上

很多父母都会鼓励孩子遇到困难的时候，一定要知难而上，切勿总是悲观绝望，不愿意继续尝试和努力。实际上，这样的鼓励只能起到很小的作用，更多情况下，孩子依然会沉浸在悲观的情绪之中无法自拔。父母不理解孩子，孩子为何会悲观呢？他们认为孩子不需要承受生活的压力，也不需要感受工作的艰难，每天只要无忧无虑地玩耍和学习就好。然而，孩子真的会感受到悲观，父母却从不知道各种原因，也就无法及时帮助孩子摆脱悲观的情绪。

大多数孩子之所以会被悲观的情绪困扰，主要是因为他们的心理承受能力比较差，哪怕是很小的挫折，也会让他们感到失望沮丧，甚至觉得人生毫无希望可言。这主要是因为孩子从小生活就很顺利，有什么愿望都会被满足，因而从来没有遭受过挫折，内心也就非常脆弱。具体到生活和学习中，孩子悲观的原因无外乎以下几种。

首先，孩子感到学习很辛苦，压力也很大，尤其是当考试成绩不理想的时候，他们更是对自己产生怀疑。在这样的情绪中，孩子的心绪越来越消沉，也就变得越发悲观和无助。

其次，人际关系也是困扰孩子的一大问题。如今，大多数孩子都是独生子女，从小习惯了在父母和长辈的关爱和呵护下成长，过着衣来伸手、饭来张口而且一切愿望都能被满足的生活。在家里，每个人都会让着孩子，呵护孩子，而一旦走入社会，进入校园，与老师和同学们相处，也认识更多的人，孩子就会感到紧张焦虑，也经常会因为以自我为中心而与他人之间相处不够愉快。看到自己被孤立，被嫌弃，孩子未免觉得孤独和寂寞，内心也会感到很失落。

再次，要为孩子营造积极的家庭氛围和充满正能量的成长环境。孩子从出生就要靠着父母的照顾而生存，与父母的关系很亲密，也总是在不知不觉间受到父母的影响。如果父母本身是很积极乐观的人，则孩子的性格也会很开朗，反之，如果父母本身经常被悲观消极的情绪所笼罩和困扰，那么整个家庭的氛围就很沉重，孩子自然不会充满正能量。为了给孩子做好榜样，每当在生活中遇到难题的时候，父母都要勇敢地面对，想方设法去解决。这样才能在潜移默化中影响孩子，让孩子的内心充满正向的力量。

最后，越是面对困难，越要迎难而上，越是面对挫折，越要鼓起信心和勇气去战胜挫折。很多孩子在面对困难的时候，都会感到非常沮丧，也会情不自禁地胆怯、畏缩。俗话说，困难像弹簧，你强它就弱，你弱它就强。既然如此，我们为何要向困难缴械投降呢？一定要迎难而上，真正战胜困难，才能在生命的历程中有更加优秀的表现。

常言道，人生不如意十之八九，在这个世界上，没有任何人的一生是一帆风顺的。父母要从小引导孩子直面人生，不管是处于顺境之中，还是处于逆境之中，都要让孩子积极勇敢地面对，这样才能成为生命的主宰者和驾驭者，也才能亲手创造独属于自己的精彩人生。

情商课堂

为了调整孩子的情绪，父母要多多引导孩子结交朋友，与人交往。孩子会从同龄人的身上学习很多优秀的品质，也受到巨大的影响，父母永远无法取代同龄人在孩子成长过程中扮演的重要角色。当孩子感到压力山大、精神紧张的时候，还可以通过发展兴趣爱好的方式，暂时转移自己的注意力。总之，悲观的情绪从来不是天生的，只要父母有意识地引导孩子，只要孩子愿意以积极的心态面对一切,孩子就会渐渐地乐观起来,也更加充满生命的力量。任何时候,作为父母,都要坚定不移地和孩子站在一起,要始终承担起坚强后盾的角色,给予孩子强力的支持和无私的帮助。明智的父母会接纳孩子一切的情绪,也会以恰到好处的方法指引着孩子走出悲观情绪的泥沼,让孩子再次阳光灿烂起来。

第 03 章

你该学会交朋友：
朋友是生命中的阳光，需要用热情去点亮

高情商的孩子都拥有好人缘，他们知道朋友是一生的陪伴，也很渴望获得纯真的友谊。他们总是学习与朋友相处，也希望自己身边有更多的朋友陪伴。在现代社会，人际关系已经成为最重要的资源，不仅成人需要多个朋友多条路，孩子们也要和小伙伴们友好相处，这样才能在伙伴们的陪伴下获得更多的快乐，在伙伴们的帮助下更加快速地成长。

怀着热情对待他人

作为一个留守儿童，杨浩在十五年的时间里与父母见面的次数屈指可数。大多数时候，她和爷爷奶奶在一起生活，爸爸妈妈则去了遥远的大城市打工。小时候，杨浩并不觉得自己缺少什么，每天有吃有喝无忧无虑，生活得很快乐。然而，自从去县城上初中后，杨浩开始意识到自己和其他同学的不同：县城里的很多同学，父母都在家里，每天来接送他们上学放学，每当有了为难的事情，父母就会不遗余力地为他们解决。杨浩开始思考：为何我的爸爸妈妈不在家里呢？

有一天，杨浩在学校里和同学发生矛盾，争吵得很厉害。老师担心青春期的孩子情绪冲动，会做出不理性的举动，因而特意打电话给杨浩的妈妈："孩子今天和同学吵架了，情绪比较激动，你要多和她聊聊天。"妈妈用QQ和杨浩沟通，对杨浩说："浩浩，你对待同学要友好，要和同学搞好关系，这样一起学习才愉快啊！你总是这样冷冰冰地待人，老师都说你很冷漠。"杨浩反问妈妈："从小到大，你们给过我温暖吗？如果你们从来没有给我温暖，为什么要求我给别人温暖呢？我就是想让你和爸爸回到家里陪在我身边！"妈妈一下子无言以

第03章 你该学会交朋友：朋友是生命中的阳光，需要用热情去点亮

对，良久才说："我和爸爸都要在外面挣钱，才能供养你和弟弟啊！"杨浩还是很委屈："钱是永远也挣不完的，没有人管我，我学习怎么能好？爷爷奶奶又不懂学习上的事情。"就这样，妈妈和杨浩说了很长时间，杨浩一直纠结于父母不能在家陪伴的事情。看到杨浩的心结这么严重，妈妈当即和爸爸商量，一起辞掉了工厂里的工作，回到家开了一个小小的修理部。有了父母的陪伴，杨浩一下子变得自信和开朗很多，与同学们之间的关系也变得和谐融洽了。

在这个案例中，杨浩并不知道同学和朋友的可贵，因为父母一直以来都不曾陪伴在她的身边，所以她的感情非常冷漠，对人也十分冷淡。不得不说，这是很多留守儿童身上都存在的问题，也是孩子感情上的一个痛点。杨浩说得没错，钱是永远也挣不完的。作为父母，如果只顾着挣钱，不能陪伴孩子，就会忽略对于孩子的教育问题。孩子内向漠然的性格一旦养成，再想改变会很难。俗话说，三岁看老，就是这个道理，意思是说孩子在三岁前后性格已经定型，很难改变。那么作为父母，一定要从小就培养孩子的好性格，也要激发孩子与人交往的欲望，培养孩子对小伙伴充满热情。

当然，父母首先要给予孩子热情。如今，越来越多的孩子感受到孤独和寂寞，在钢筋水泥铸就的城市森林里，人们生存的空间被压缩在方寸之间，而孩子们又往往没有兄弟姐妹，因

而就更加孤独。为了激发孩子们交往的欲望,培养孩子们对人际交往充满热情,父母要创造机会让孩子结识小伙伴,与小伙伴相处,当孩子感受到和同龄人一起玩耍的乐趣,他们就会越来越擅长交际。

情商课堂

让孩子尊重他人,对交往产生兴趣和欲望。当与他人发生矛盾的时候,父母不要护短,而是要引导孩子反思自己,这样孩子才能够和平地处理好与他人的矛盾和纠纷。当然,一味地言传未必能够达到最好的效果,明智的父母还会以身作则,给孩子树立榜样。父母的身体力行对孩子的影响是潜移默化的,当父母做得更好,孩子就会从父母身上得到更多的精神力量,从而广交朋友。

尊重总是相互的

周末,小姨来家里做客,因为正在读大学的她想吃姐姐做的红烧肉了。豆豆发现,小姨和妈妈虽然是亲姐妹,但是她们的性格截然不同。小姨很外向开朗,十分健谈,还特别喜欢开玩笑,而妈妈却不苟言笑,十分严肃,做任何事情都一本正经的。豆豆既喜欢小姨,又讨厌小姨,喜欢小姨是因为和小姨在

第03章 你该学会交朋友：朋友是生命中的阳光，需要用热情去点亮

一起，让她感到十分轻松。讨厌小姨，是因为小姨一旦开起玩笑总是没大没小的，口无遮拦，让人下不来台。

巧合的时候，豆豆的同学娜娜也来到家里玩。当着娜娜的面，小姨开始说起豆豆小时候的糗事："豆豆小时候特别可爱，拍百天照的时候，摄影师正在给她拍摄写真呢，她就在摄影师的摄影道具上撒了一泡尿。"豆豆感到很尴尬，几次制止小姨："小姨，别说啦，这都是陈年老黄历了。"然而，小姨说得高兴，根本不理会豆豆。被小姨伤了面子，豆豆实在忍无可忍，当即毫不客气地对小姨说："小姨，我觉得你有时间在这里闲扯，还不如给你的男朋友打个电话。有一天，我在商场里，亲眼看到他和其他女人勾肩搭背，你大概还毫不知情吧！"豆豆的话让小姨脸都绿了，小姨当即拂袖而去。

其实，豆豆是很尊重小姨的，还有些喜欢小姨。只是小姨开起玩笑来不分场合，也根本不顾及豆豆的面子，所以让豆豆很生气。这样的不尊重，换来的只能是不尊重。作为成人，不管是父母还是亲戚，都应该有尊重孩子的意识，也要真正落实到行动上。

尊重是相互的，一个人要想得到他人的尊重，就要首先尊重他人，而不要肆无忌惮地揭人短。现代社会，很多孩子都不懂得尊重他人的道理，他们从小就被全家人如同众星拱月一般环绕着，压根不知道尊重他人的道理。也许在孩子小时候，

这样的不足还不会产生致命的影响，但是随着年龄的增长，孩子的自尊心越来越强，接触的人也越来越多，在这种情况下如果还是不能采取正确的方式展开与他人的交往，孩子就会非常被动。

当然，在家庭生活中，父母要尊重孩子。有些父母觉得孩子小，还不懂得爱面子，其实不然。再小的孩子也有自尊心，唯一的区别在于父母是否爱护孩子的自尊，也给予孩子足够的尊重。尊重，是人际相处的基础，也是人际交往的润滑剂。只有在尊重的基础上，人们彼此之间才会更加积极友善，也才能建立和谐融洽的关系。

● 情商课堂

尊重他人是一种素质，也是一种涵养，还是一种品质。在生命的历程中，人人都想得到他人的尊重，人人都想在人际相处中为自己赢得一席之地。然而，这个世界上从没有无缘无故的爱，也没有无缘无故的恨。每一个人在面对他人的时候，都要首先表现出尊重，才能赢得他人的尊重。作为孩子，要想处处受人欢迎，想赢得他人的认可和肯定，就要以尊重打头阵，让笑容传达自己的善意。要让孩子包容他人的缺点和不足，管好自己的嘴巴，切勿口无遮拦说出那些伤人的狠话，也不要在别人陷入尴尬之时只是嘲笑。

第03章　你该学会交朋友：朋友是生命中的阳光，需要用热情去点亮

让孩子设身处地为他人着想

　　一天放学回到家里，妈妈因为感冒，有些发烧，所以浑身都像散了架一样非常疲惫，根本不想做饭，就昏昏沉沉地躺在床上。小雨先是回到房间里写作业，很快就饿了，因而叫嚷着妈妈："妈妈，做饭啦，不要睡觉啦！"妈妈实在睁不开眼睛，对小雨说："小雨，你先自己吃点儿面包吧，一会儿爸爸回来就给你做饭。妈妈很难受，没法做饭了。"小雨嘟囔着："又不做饭，我看你不是难受，就是不想做饭。"原来，小雨一家三口和爷爷奶奶一起生活，所以向来都由奶奶负责做饭。现在，爷爷奶奶回老家了，妈妈经常觉得做饭太费事，不愿意做饭，全家就凑合吃点儿什么。看到此刻妈妈躺在床上，小雨理所当然觉得妈妈又在偷懒。

　　等了半个小时，爸爸还没有回来，妈妈睡得正香呢，小雨忍不住打电话给爸爸："爸爸，你什么时候回来啊？我快饿死了。"爸爸问："妈妈还没做饭吗？"小雨不假思索地回答："妈妈又犯懒了，不想做饭。"爸爸对小雨说："那让妈妈接下电话。"小雨这才告诉爸爸："妈妈说她很难受，已经睡着了。"爸爸这才意识到妈妈生病了，对小雨说："小雨，你现在先不要急着吃饭了，家里有面包，你饿了可以吃。妈妈既然睡了，肯定病得很难受，你赶紧去试试妈妈的额头发烫吗？

妈妈很有可能发烧了。"小雨不愿意，对爸爸说："我才不去呢，妈妈那么大的人了，会照顾自己的。你快给我订外卖吧，爸爸！"爸爸不由得生气起来，质问道："你这个孩子怎么回事，让你试试妈妈发烧没有，有那么费劲吗？你想想你生病的时候眼泪婆娑地多么难受，现在怎么就不能去关心一下妈妈呢？！要是你这么自私，以后你生病了，我和妈妈也不管你，知道吗？"在爸爸的提醒下，小雨想起自己生病的时候头痛欲裂的感觉，这才端了一杯水给妈妈喝，还问妈妈是否需要他去楼下买药。

　　如今，很多孩子都不会关心人，这是因为一直以来，他们都习惯了接受他人的关心，渐渐地就会忽略他人的需要。不得不说，这是非常糟糕的。父母也是人，不是神仙，也吃五谷杂粮，也会有生病的时候。如果孩子看到父母生病，却不知道对父母给予关心，父母难免觉得心寒。当然，面对自私、以自我为中心的孩子，父母也不要抱怨，因为大多数孩子的自私，不会为他人着想，都是因为从小接受了父母无微不至的照顾。

　　要想改变孩子的这种情况，让孩子能够主动为他人着想，表达对他人的关心，父母就不要总是包揽家里的一切，而是要适度地向孩子示弱和求助。例如，父母可以对孩子说："宝贝，妈妈今天很累，浑身都没有力气，你可以帮我倒杯水吗？"还可以对孩子说："孩子，我可能生病了，你快打电话给爸爸,让爸爸早点回家。"看似父母是在向孩子求助,实际上,在这样的过程中,孩子就能渐渐地改变心态,从只知道接受父母的关心和照顾,到也能够细心地看到父母的需要,也有意识地为父母提供帮助。只有在家庭中,孩子主动和父母换位思考,体谅父母的辛苦,满足父母的需求,有朝一日走出家门,走入社会,与更多的人相处,孩子才会拥有好人缘,更加受到欢迎。

● 情商课堂

如果孩子总是从自己的立场出发思考问题,就无法考虑到他人的需要和感触。作为父母,当然不希望孩子如此自私,那么在抚养孩子成长的过程中,就不要总是满足孩子所有的需求,也不要在孩子面前表现得就像超人一样。父母要学会向孩子示弱,也要学会向孩子求助,还要主动把自己的感受告诉孩子,从而引导孩子设身处地为他人着想。父母对孩子的培养要坚持,只有持之以恒地进行下去,才能在潜移默化中改变孩子。

远离嫉妒,孩子才能内心平静

这次期中考试,向来与娜娜不相上下的豆豆,因为发挥不好，成绩有了很大的波动。原本，娜娜还想主动帮助豆豆呢，却没想到豆豆自从得知考试成绩，就总是躲着娜娜。有一天放学，妈妈看到豆豆闷闷不乐地回到家里，问豆豆："豆豆，最近怎么没有看到你和娜娜一起呢？"豆豆撇着嘴巴说："我不想和娜娜一起。"妈妈很奇怪："怎么了，你和娜娜吵架了吗？"豆豆摇摇头，妈妈又问："那是娜娜欺负你了吗？也不至于啊，娜娜对你很好的。"豆豆厌烦地说："妈妈，你能不能别问了，反正我就是不想和娜娜一起玩了，看不惯她趾高气扬的样子。"妈妈听到这句话，又联想到豆豆是在期中考试后疏远娜娜的，恍然大悟。

妈妈语重心长对豆豆说："豆豆，你是不是嫉妒娜娜了？其实，娜娜没有趾高气扬，她前几天还送了一本复习资料给你呢，就是我之前给你的那本。那本复习资料非常好，而且市面上断货，是娜娜特意托在上海的舅舅买了邮寄过来的。娜娜对你多好啊，她总是把自己所有的与你分享，她也真心希望你能好。妈妈相信，你这样疏远娜娜，自己心里肯定也很难受，你为何不能接受娜娜的好意，和娜娜共同进步呢？相信如果你这么做，就会快乐很多。"妈妈的一番话让豆豆非常吃惊，她怎么也没想到娜娜居然会主动送复习资料给自己。豆豆被娜娜真挚的友谊感动了，次日一去学校就和娜娜道歉，娜娜却说："豆豆，我理解你的感受。放心吧，我不会责怪你的，咱们还

第03章 你该学会交朋友：朋友是生命中的阳光，需要用热情去点亮

是好朋友！"

嫉妒心就像人心中的毒瘤，会让人的内心失去平静，变得波澜起伏，也会让人的情绪陷入泥沼之中，无法自拔。适度的嫉妒可以激励人们进步，而过度的嫉妒则只会让人的心灵和眼睛都被蒙蔽，失去明辨是非的能力。幸好娜娜善解人意，知道豆豆为何嫉妒自己，因而想方设法地帮助豆豆，最终感动了豆豆，也与豆豆成为好朋友。

作为父母，在看到孩子表现出嫉妒心的时候，一定要引导孩子消除嫉妒，要向他人学习，也要积极进取。嫉妒有何作用呢？只是嫉妒，并不能帮助我们追赶上他人的脚步，反而会导致我们与他人的相处变得很艰难。孩子年纪小，认知水平不高，对于自身的情绪也无法有效控制，那么父母一旦发现孩子陷入嫉妒的旋涡，一定要给予孩子帮助，让孩子能够认识到自己的优点，也能够认识到他人的优点，这样孩子的胸怀才会更加博大，也能够接纳和包容他人，还能建立良好的人际关系，与小伙伴们和谐相处。

● 情商课堂

嫉妒心强的孩子，往往有着强烈的自尊心和虚荣心。父母要对孩子的嫉妒心加以正确的引导，让孩子能够认识到自身的优点和缺点，从而不断地努力进取，获得进步。当然，也无须对孩子的嫉妒情绪如临大敌，毕竟每个人都有嫉妒心，包括成

人也会嫉妒他人。最重要的在于要以嫉妒激励自己取,而不要因为嫉妒对他人心生怨恨。

教会孩子与人合作

从小就在钢筋水泥铸就的城市森林里长大,除了寒暑假回到农村奶奶家里,能够与小伙伴高兴地玩耍之外,小雨很少有朋友。在幼儿园阶段,小雨离群索居的特点还没有表现出来,毕竟幼儿园里以老师为主导,老师往往会无微不至地照顾每一个孩子。然而,进入小学阶段,小雨独来独往的特点就暴露无遗。没有了老师的协调,小雨和同学之间的关系很疏远,看着其他同学在一起玩得不亦乐乎,小雨也很羡慕,但他就是不知道要怎么做才能融入团体之中。

这节劳动课,老师要求每四个同学为一组,合作完成手工艺品。其他几个同学都配合得很好,唯独小雨总是自顾自地做着。很快,已经有合作小组火速完成了任务,可以看课外书了,小雨所在的小组却进展很慢。这个时候,负责的小组长对小雨说:"小雨,你不要做那些零部件了,我们现在急需一个水壶柄,你可以先做水壶柄吗?"水壶柄有一定的难度,小雨本来想拒绝,组长说:"小雨,拜托了。你看看,已经有小组完成任务了，我们有些落后，很需要你的帮助。"在小组长的邀请下，小雨开始做水壶柄。后来，组长提前做完分内之事，也帮助小雨一起做水壶柄。在几个同学的齐心协力之下，他们第三个完成手工艺品。小雨觉得很有成就感，组长由衷地感谢小雨："小雨，谢谢你的无私付出，我们整个小组才能取得好的成绩。"此后，小雨和组长以及另外两个组员都成了好朋友，他们经常在一起合作，彼此之间的关系越来越亲密，友谊也越来越深。

如今，有太多的孩子习惯了一个人玩耍，因为没有小伙伴的陪伴，他们在成长的过程中，并没有发展与人合作的能力。有的时候，作为教育工作者的老师会发现，如果给每个孩子都分配一个独立的任务，孩子们往往能够完成得很好，如果让孩子们在一起完成任务，反而速度会减慢。这都是因为孩子们从小缺乏合作的锻炼，总是一个人玩耍造成的。

作为父母，不要让孩子进入校园才学会合作，而是要从小就给孩子创造机会与人合作，如要求孩子和爸爸一起做游戏，邀请孩子和妈妈一起包饺子，还可以多带着孩子与同龄人玩耍，在游戏的过程中学会合作。

现代社会不再崇尚个人英雄主义，一个人即使能力再强，也不可能仅凭一己之力就做好所有的事情。每个人都像是一滴水，只有融入大海，才能拥有大海的壮阔。当孩子意识到集体的力量是强大的，也感受到参与集体活动的乐趣，他们就会更愿意与人合作，也愿意与人分享自己的快乐和收获。

联合国教科文组织国际21世纪教育委员会针对孩子们成长的现状，也以现代教育作为基础，提出了教育的四大支柱理论，其中之一就是要求孩子们能够融入集体的共同生活之中，也能够发挥自身的力量参与团队建设，和团队成员一起做出贡献。在成人的世界里，分工越来越细致，合作越来越密切，一个人如果不懂得合作，是无法发挥自身力量获得成功的，这是因为只靠着单打独斗的人注定会面对很多困境和障碍，无法逾越。只有那些受人欢迎，也能够在团队之中调兵遣将的人，才能增强自身的能力，让自己在团队的支持下变得更加强大。

情商课堂

孩子要想融入合作，就要掌握合作的技能，如果没有大局意识，不管做什么事情都只顾着自己，是不可能真正掌握合作技巧、与团队成员打成一片的。父母可以经常和孩子一起做游戏，或者邀请孩子一起做家务，还可以陪伴孩子参与那些需要通力合作才能完成的项目，相信只要坚持这么去做，孩子的合作能力会越来越强。

当孩子开始喜欢异性

乐乐才升入初中,就出现了状况。原本,妈妈还在因为乐乐终于可以独立而感到高兴,也觉得轻松,所以丝毫没有预见到"情况"会来得这么快。才上初一,乐乐就喜欢上了班级里的一个女孩,不但在女孩生日的时候,精心挑选礼物送给女孩,还去找老师要求调动座位,想与女孩同桌。尽管乐乐的理由是"有助于学习",但是初中老师可是身经百战的,对于"战争的苗头"很敏感,当即委婉地拒绝了乐乐调动座位的要求,还隐晦地把自己对于乐乐早恋的担心告诉了妈妈。

妈妈最初知道这件事情如临大敌,很紧张地问爸爸:"这可怎么办?早恋对学习影响非常大,如果考不上重点高中,就没有希望考上名牌大学,将来可怎么办?"爸爸对这个问题相对淡然,对妈妈说:"孩子的恋爱哪能当真呢,只是互相有好感而已。你千万不要和乐乐挑明这个问题,否则会取得相反的效果,促使他们的感情发展更快。我倒是觉得冷处理就好,只要乐乐按时上学放学,只是在学校里和喜欢的女孩传递小纸条,无关紧要,过段时间,他们自己就会分开了。"妈妈尽管很紧张,暂时也没有想到更好的办法去解决这个问题,又怕对乐乐造成影响,为此只好采纳爸爸的建议,决定静观其变。

果然,原本不修边幅的乐乐突然变得爱"美"起来。他会用心地挑选喜欢的衣服，也坚持每天洗澡洗头，有的时候还会偷偷使用妈妈的发胶。妈妈一直密切观察乐乐，所以乐乐的一举一动都在妈妈的严密监视之中。然而，妈妈也始终记得爸爸要求静观其变的话，并没有对乐乐轻举妄动。果然，一个学期之后，乐乐对于女孩朦胧的好感消失了，反而迷恋上打篮球。妈妈如释重负。

爸爸说得很对，如果妈妈把早恋的问题放在桌面上和乐乐谈，甚至严令禁止乐乐对女孩有好感，显而易见是不现实的。父母也许可以规定孩子放学回家的时间，限制孩子的人身自由，但是却无法控制孩子的思想，更不可能强迫孩子什么也不去想，还把心中对于异性的喜欢完全忘掉。幸好爸爸对于乐乐早恋的苗头没有反应过激，这也间接影响了妈妈采取正确的方式对待乐乐。就这样，一个小小的危机在波澜不惊之中度过，这要比闹得家里鸡飞狗跳效果好。

青春期的孩子对于异性产生好感是正常的身心反应，是由孩子所处的人生阶段固有的身心发展特点决定的。进入青春期之后，由于荷尔蒙大量分泌，原本对异性反感的孩子开始对异性产生兴趣，也怀有极大的好奇。作为父母，对于孩子这个阶段的感情要疏导，而不要压制，更不要以极端的方式禁止，否则一定会激发孩子的叛逆心理，导致孩子变本加厉。

俗话说，过犹不及。父母不管采取怎样的方式对待孩子，

第03章　你该学会交朋友：朋友是生命中的阳光，需要用热情去点亮

都要适度，而不要过度。过度和过激的管教方式，必然使孩子的反应也很过激。实际上，在孩子尚未成年的亲子关系中，父母占据主导地位，所以父母对于孩子的引导和帮助非常重要。父母尽管已经长大成人，当看到孩子的青春期表现和萌动情怀，也应该想起自己年轻时的感情需求。这样一来，父母才能理解孩子，才能包容孩子。

● 情商课堂

　　父母要及时对孩子开展性教育，让孩子意识到他的生理反应和心理反应都是正常的，是人之常情，而不是令人羞耻和无法接受的。当看到孩子对异性产生懵懂的感情，父母一定要沉住气，切勿捕风捉影，或者严厉地禁止孩子。要知道，青春期的感情非常强烈，一味地压制并不能起到良好的作用，而是要采取疏通的态度，让孩子的感情就像流动的水一样，有去处，这样孩子的感情才更健康。有的时候，青春期孩子还存在精力过剩的问题，经常会被网络上的黄、毒吸引，在这种时候，父母要引导孩子发泄多余的精力，让孩子吃得香睡得好，自然内心也会更加平静。总之，爱情不是罪恶，而是造物主给人类最美好的礼物，性也不是邪恶，父母首先要端正态度，才能给予孩子爱的启蒙和性的教育。

分享，让快乐成倍增长

可乐是独生女，从小在爸爸妈妈无微不至的爱与照顾下成长，习惯了爷爷奶奶、姥姥姥爷全都围着自己转。进入幼儿园，可乐看到好东西就要据为己有，甚至和小朋友抢夺，为此总是被老师告状。妈妈对此很无奈："在家里，她是想要什么就能得到什么，所以已经成为习惯了。"妈妈经常告诉可乐要和小朋友们分享，但是可乐对此不以为然："这是我的，我的，我的！""我就喜欢这个！"可乐想要得到一件东西，是以自己喜欢为理由的。这可怎么办呢？

暑假结束可乐就要进入一年级学习了，但是她依然很任性，很自私，妈妈决定把可乐送回老家和她舅舅家里的两个孩子一起生活。妈妈把可乐交给她舅舅和舅妈，还告诉舅妈："嫂子，我就希望你能够教会可乐分享，所以你千万不要给她特殊对待，有什么好吃的好喝的，都让她和哥哥妹妹一起分享。"舅妈笑起来："好的，你要是不怕可乐吃苦，我肯定能让她学会分享，谁让我家有两个孩子呢！所以，放心吧，这是我最擅长的！"果不其然，到舅舅家第一天下午，可乐就打电话给妈妈告状："妈妈，我们有三个孩子，舅妈只买了一个西瓜。我也想吃半个，哥哥也想吃半个，妹妹也想吃半个。你能不能让舅妈再去买一个西瓜呢！"原来，可乐都是用勺子直接

第03章　你该学会交朋友：朋友是生命中的阳光，需要用热情去点亮

挖半个西瓜吃，她不同意舅妈把西瓜切成一小块一小块的。听到可乐告状，妈妈对可乐说："既然你在舅妈家里，就要一切服从舅妈的安排，而且，一个西瓜也足够你们三个人吃了，要学会分享啊！"说完，妈妈就狠心挂断电话，把问题交给舅妈解决。在舅妈的坚持下，可乐第一次拿起一小块西瓜津津有味地吃起来，虽然心中委屈，但是这并不影响她享受西瓜的甜蜜，她一口气吃了三块西瓜，并且把每块西瓜皮都啃得干干净净的。一个暑假下来，可乐与哥哥和妹妹的感情加深了很多，暑假结束，她甚至舍不得离开舅妈家呢！妈妈开玩笑地对可乐说："你不想回家吃独食吗？"可乐不好意思地笑了："我觉得有好吃的要一起分享，这样才更好吃！"即使回到家里，每当有好吃的东西，可乐也总是要求妈妈多买一些寄给舅舅家的哥哥和妹妹。

在独生子女家庭里，父母和长辈自然会把一切好的都留给孩子，这其中既包括孩子认为好的，也包括父母觉得好的。孩子长期在这样的溺爱中成长，渐渐地心中只有自己，不管做什么事情都会第一时间想到自己的需要，而很少考虑他人的需要。不得不说，自私是一个很坏的行为习惯，一旦孩子走出家门，需要与更多的人相处，他们就会因为自私而失去朋友，也会因为自私而让自己变得孤独。

从小缺乏分享意识的孩子，无法体会分享的快乐。也许有

些父母会说,"我们没有办法给孩子找到小伙伴一起分享",其实,分享不仅仅局限于孩子之间,父母也可以和孩子分享。有些父母会把孩子爱吃的东西统统留给孩子,实际上这是不利于孩子分享的。当孩子津津有味地吃某种食物时,父母可以向孩子索要:"宝贝,妈妈也很想吃,分一半给妈妈,好吗?"一开始孩子也许不同意,那么父母要坚持向孩子灌输分享的思想。当然,也许孩子会当即表示同意,这种情况下,父母切勿拒绝孩子,更不要告诉孩子"妈妈不吃"。这一次妈妈不吃,下次妈妈即使想吃,孩子也不会再给。明智的父母不会拒绝孩子的分享,因为这正是培养孩子分享意识的好机会。

每个人都是社会的一员,都要在社会中生活。孩子小时候可以在家庭中无忧无虑地成长,一旦长大就要进入学校,开始投身于社会生活。父母切勿以溺爱害了孩子,而是要从小培养孩子的分享意识,这样孩子在社会生活中才懂得分享,才能够多多为他人着想。分享,可以让一份快乐变成两份;分享,也会让孩子的童年享受加倍的快乐!

情商课堂

父母切勿溺爱孩子,更不要把一切好的全都留给孩子,这样只会让孩子越来越自私,根本不愿意分享。很多父母都特别小气,禁止孩子把好吃的给其他小朋友,也禁止孩子把好玩的玩具和小朋友们一起玩。实际上,分享不是失去,而是互利,当孩子与他人之间相互分享，他们彼此都能获得更多的快乐。要想培养孩子分享的意识，父母非但不能禁止孩子分享，还要鼓励孩子分享，尤其是要为孩子树立分享的榜样，让孩子真心地喜欢分享。

优化孩子的成长环境

小时候，母亲带着孟子在坟地附近居住。因为坟地里总有送葬的队伍，孟子耳濡目染，居然学会了祭拜，在和小伙伴们一起玩耍的时候，都在模仿送葬的队伍办理丧事。看到孟子的表现，母亲意识到不能一直住在坟地附近，否则会对孟子造成不好的影响，为此就把家搬走了。

新家距离集市很近，孟子和小伙伴们就经常到集市上去玩，还扮成商贩高声吆喝着假装卖东西。母亲觉得这样下去不利于孟子的学习和成长。很快，母亲又带着孟子搬到学校附近。每天清晨，学校里都传来朗朗读书声，小小年纪的孟子居然也跟着读书声摇头晃脑，开始吟诵。母亲高兴极了："这才是孩子应该生活的地方，学习的气氛这么浓郁，孟子将来一定能成才！"

很多人都听过《孟母三迁》的故事，不得不说，孟母的思想是非常开明的，对于孩子的教育也是十分重视的。正因如此，她才致力于为孟子提供更好的成长环境，以防孟子受到外部不良环境的影响，走上人生歧途。孩子的学习能力特别强，而且很善于模仿。在特定的环境中，孩子很容易受到环境的影响，使自己的言谈举止发生变化。作为父母，我们要重视给孩子提供更好的成长环境。

除了注重成长的环境之外，父母还要引导孩子结交好朋友。古人云，"近朱者赤，近墨者黑"，朋友对人的影响力也很大。尤其是对于青春期孩子而言，他们很渴望融入同龄人的团队之中，赢得同龄人的认可，因而他们会表现出更强烈的从众心理。现实生活中，有一些青少年之所以走上犯罪的道路，就是因为他们身边有一些社会不良青年。原本孩子不想去做违法乱纪的事情，但是当发现身边的朋友都在做，出于虚荣心和从众心理，他们很有可能会选择盲从。

很多孩子都缺乏明辨是非的能力，很容易被事物的表面所迷惑。作为父母，不但要关注孩子的身体健康、心理健康，更要关注孩子的交友健康。虽然父母要尊重孩子结交朋友的权利，也要尊重孩子和孩子的朋友，但这并不意味着父母要对孩子的交友听之任之。父母要对孩子进行合理的引导，孩子才能结交好朋友，从而助力自己的成长。

第 03 章　你该学会交朋友：朋友是生命中的阳光，需要用热情去点亮

● 情商课堂

教会孩子明辨是非，让孩子知道"路遥知马力，日久见人心"的道理，而不要轻易相信一个人。尤其是那些有陋习的人，更要告诫孩子远离。当然，要讲究方式方法，很多孩子都不喜欢自己被父母强迫，那么父母就要采取适宜的方式把道理讲给孩子听，也把自己的看法告诉孩子。有些父母认为自己的责任就是提供给孩子必要的物质条件，而忽略了对于孩子心灵的关注和保护，其实，父母要和孩子做朋友，才能及时了解孩子的心理动向，也才能有效地引导孩子，结交更多的好朋友。如果父母本身喜欢和"狐朋狗友"交往，那么孩子一定会受到影响，也亲近那些不入流的社会混混。因而父母还要给孩子树立榜样，才能对孩子言传身教，让孩子和父母结交朋友的观点趋于一致。

学会勇敢地拒绝他人

今天小雨过生日，妈妈送给小雨一个变形金刚。变形金刚是小雨梦寐以求的礼物，为此一拿到手就玩起来。次日上学，小雨要带着变形金刚去学校，妈妈让小雨保证不会在上课的时候玩变形金刚，得到小雨的保证后，妈妈同意小雨把变形金刚

带去学校和同学一起玩。然而,当天晚上放学回家的时候,小雨并没有把变形金刚带回来,妈妈问小雨:"变形金刚呢?"小雨支支吾吾地说:"落在学校了。"妈妈很纳闷:"小雨这么喜欢变形金刚,怎么会落在学校呢?"妈妈忍住没有继续询问小雨。

第三天,小雨放学回到家里,还是没有把变形金刚带回来。这一次,他显然无法用落在学校搪塞妈妈,面对妈妈的追问,他忍不住哭起来。妈妈更惊讶了:"难道变形金刚丢了吗?"小雨摇摇头,妈妈着急了:"那么,变形金刚到底在哪里,你快说啊!"小雨说:"被小刚抢去玩了,他坚持要和我借玩一个星期,怎么也不给我。"妈妈问:"你愿意借给他吗?"小雨不假思索地摇摇头,嘀咕道:"我自己还没舍得玩呢!"妈妈说:"既然你不愿意把变形金刚借给小刚,那就赶紧要回来吧!"小雨很为难:"他不带给我,总是说在家里。我怎么办呢?"妈妈说:"如果他还说留在家里,你就告诉他,你等放学后会和妈妈一起去他家拿变形金刚。小雨,你要记住,变形金刚是你的,如果你愿意和同学分享,当然可以和同学一起玩。但是如果你不愿意和同学分享,同学是不能强迫你的,知道吗?对于自己的东西,你只要不想借出去,就要大胆地说'不',拒绝同学,这是你的权利。"小雨有些担心:"这样拒绝,会不会让同学不高兴?"妈妈说:"同学如果因为你的拒绝而生气，只能说他自己不讲道理，问题并不在你身上，明白吗？就像你想和同学借用某个东西，如果对方拒绝，你就不能借用一样。每个人对于自己的东西都有权利拒绝，知道吗？"在妈妈的一番讲述下，小雨这才明白其中的道理。

第四天，去了学校，小雨第一时间就和小刚讨要变形金刚："对不起，我也很想玩变形金刚，所以不能借给你玩了。而且你已经玩了三天，也应该玩得很尽兴了。接下来，我要收回变形金刚，我要好好玩一玩变形金刚。"小刚当然不愿意把变形金刚还给小雨，小雨说："好吧，那我和妈妈放学后会去你家取的。"小刚听到这句话，生怕爸爸妈妈知道他强夺小雨玩具的事情，赶紧把藏在书包里的变形金刚还给小雨。

小雨性格比较怯懦，面对小刚的强夺，他不好意思拒绝，也没有勇气把变形金刚要回来。幸好妈妈不是一味地教会小雨要谦虚忍让，而是当机立断告诉小雨必须捍卫自己的权利，合理地拒绝他人的不情之请。在妈妈的支持和鼓励下，小雨才鼓起勇气向小刚讨要变形金刚，并且获得了成功。

现实生活中，不仅有很多孩子生性胆小，不敢说"不"，还有很多成人碍于面子而不好意思拒绝他人，最终把自己变成唯唯诺诺的老好人，总是被人欺负。当然，我们不是说帮助别人或者乐于分享不好，而是凡事皆有度，如果他人看到我们总是好说话就故意欺负我们，那就不好了。父母要从小教会孩子拒绝，也让孩子能够勇敢捍卫自己的权利，保护自己的利益不受到侵害，这样孩子长大之后才不会怯懦，也能够在该拒绝的时候就勇敢地拒绝。

● 情商课堂

帮助孩子形成自我保护意识，让孩子知道保护好自己比什么私情都更加重要。尤其是当孩子不断地成长，接触的人越来越多、越来越复杂，父母更要向孩子灌输正确的思想。当然，拒绝他人是要讲究方式方法的，要保护他人的颜面，尊重他人，而不要对他人颐指气使，导致他人下不来台。毕竟我们拒绝他人的目的是保护自己的合法权益，而不是在他人面前耍威风。

信守承诺，才能一诺千金

玩了一段时间的变形金刚，小雨对变形金刚没有那么稀罕了。有一次，他看到小伟有一本特别好看的课外书，因而向小伟借书看。小伟对小雨说："把书借给你看是可以的，不过我很想玩你的变形金刚，你可以把变形金刚借给我玩几天吗？咱们交换，谁也不吃亏。"小雨迫不及待想看那本书，当即答应了小伟的请求，他对小伟说："我今天没有带变形金刚过来，

第03章　你该学会交朋友：朋友是生命中的阳光，需要用热情去点亮

你可以先把书借给我，然后我明天把变形金刚带给你吗？"小伟表示同意。就这样，小雨将从小伟那借来的书带回家里，津津有味地看起来，只用了一个晚上就看完了。

次日，小雨把书带到学校还给小伟，却没有把变形金刚带给小伟。小伟问："你答应把变形金刚借给我玩的啊！"小雨狡猾地说："但是我已经把书还给你了，按理来说，你也应该把变形金刚还给我，那我就不用带给你了哦！"小伟意识到自己被小雨欺骗了，非常生气，当即把这件事情告诉老师。老师委婉地把事情告诉小雨妈妈，妈妈当即表示会让小雨把变形金刚带给小伟玩，兑现承诺。回到家里，妈妈问小雨："你是怎么答应小伟的？"小雨说："交换啊，一起给出，一起收回。"妈妈又问："那你怎么没把变形金刚给小伟呢？"小雨说："我那天忘记带了。"妈妈正色对小雨说："小雨，做人一定要遵守承诺。还记得《狼来了》的故事吗？也许我们可以欺骗别人一次两次，但是等到第三次的时候，就再也没有人会相信我们的话。你觉得，是把变形金刚借给小伟玩几天严重，还是失去他人的信任更严重呢？你希望班级里同学都不相信你的话吗？哪怕你说的是真的，也没有人相信。"在妈妈的一番解释下，小雨认识到问题的严重性，沉思片刻对妈妈说："妈妈，我明天一定把变形金刚带给小伟，我现在就把变形金刚装进书包里。"妈妈竖起大拇指对小雨说："这才是信守诺言的

男子汉。"当天晚上,妈妈还给小伟讲了好几个做人要遵守诺言的故事,小伟真正领会了要兑现承诺的道理。

每个人都希望自己在他人面前有威信,说出去的话能够产生一定的效力。然而,威信不是与生俱来的,也不是凭空而生的,而是我们要在日常生活中坚持兑现诺言,才能给人留下信守承诺的好印象。如今是信用的时代,在社会生活中,很多事情都和信用挂钩,如没有信用的人不能乘坐飞机和高铁,在买房向银行贷款的时候也会被银行拒绝。信用是非常重要的,父母要从小培养孩子信守承诺的精神,而不要总是任由孩子把自己的承诺抛之脑后,从来不去兑现。否则,孩子就算长大成人,也会因为没有信用而举步维艰。

要想孩子注重诚信,光靠父母给孩子讲大道理是不行的。父母是孩子的第一任老师,也是孩子最好的榜样,只有父母做到信守诺言,孩子才能信守诺言。有些父母明明对孩子做出了承诺,到了兑现承诺的时候,却因为各种原因而把承诺抛之脑后,或者理直气壮不去兑现。殊不知,孩子的心思很简单,他们不会理解成人世界的复杂,而更加注重结果。当爸爸因为加班而没有带孩子去游乐园,孩子就会说爸爸是个大骗子;当妈妈因为临时有事而没有陪着孩子一起去看电影,孩子将来也不会兑现对妈妈所说的话。父母的一言一行都在无形中影响孩子,对待孩子的教育问题,一定要谨言慎行,才能以身示范,引导孩子步入正途。

当孩子想要遵守与小伙伴的约定，父母一定要支持孩子去兑现承诺。有些父母总觉得孩子说的话不能当真，这恰恰会误导孩子，也会纵容孩子把说过的话抛之脑后。当孩子表现出诚信的行为时，父母要第一时间就认可孩子的表现，也要表扬孩子。这样一来，孩子才能形成诚信的好习惯，更愿意坚持把自己说过的话全部兑现。

情商课堂

始终坚持诚信是一件很难的事情，作为父母，要陪伴在孩子身边，以身示范，给孩子坚持的勇气和力量。越是在紧要的关头和艰难的处境中，父母越要给孩子树立积极的榜样，以实际行动告诉孩子哪怕遵守承诺需要付出极大的代价，也是值得的。

当发现孩子有撒谎行为的时候，父母不要不分青红皂白就批评孩子，也不要给孩子贴上不诚实的标签，而是要透过现象看本质，探究孩子撒谎的真实原因，这样才能有效地改善孩子撒谎的情况。

第04章

你该有个好人缘：
让大家喜欢你，你才更有话语权和竞争力

人人都想拥有话语权，这样在针对很多问题进行讨论的时候，就可以让自己的话更有分量，也能更吸引他人的关注。人人都希望自己拥有竞争力，这样在济济人才之中才能脱颖而出，表现出自己独特的风采与魅力。要想让孩子拥有话语权和竞争力，父母就要引导孩子与人交往，让孩子结交更多的朋友，不管走到哪里都受欢迎。古今中外，那些领袖人物之所以振臂一呼，应者云集，正是因为他们具有独特的人格魅力，也拥有绝佳的人缘，所以才能得到大家的追随和拥护。孩子未来未必是王侯将相，但是拥有好人缘却会让他们的人生更加顺利，也更精彩。

友情、亲情，都需要用心维护

如果一个人对于父母都不能尽到赡养义务，毫无疑问，这个人是不可能有诚信的。在这个世界上，最大的契约关系，就是父母与孩子之间的关系，我抚养你长大，你侍奉我到老。现代社会诚信缺失，很多人都对辛苦生养和抚育自己的父母很不好，不得不说，这是人性的倒退。其实，不管是亲情还是友情，都需要用心去维护，才能始终保持良好的关系。在孩子小时候，父母会为孩子无私地付出，一旦孩子长大，到了该回报父母的年纪，如果孩子总是不孝敬父母，也不愿意给父母任何回报，父母与孩子之间的关系就会急剧恶化。

作为孩子，如果连父母都不爱，还会爱别人吗？在这个世界上，从来没有无缘无故的爱，也不会有没有缘由的恨。人与人之间的团结、互助、友爱，都是相互的。即使在同一个家庭里，兄弟手足一起沐浴着父母的爱长大，等到成人，他们之间的关系也未必和谐融洽。这是因为每个人的命运不同，因而兄弟姐妹渐行渐远，只有相处，才能让彼此的关系越走越近。父母之爱、手足之爱，是每个人生命中最重要的感情，如果随着时间的流淌，彼此都更加独立，反而变得淡漠，无疑是让人

第04章　你该有个好人缘：让大家喜欢你，你才更有话语权和竞争力

遗憾的。为了加深亲子感情、手足感情，要跟随着成长的脚步保持良好的关系，彼此谦让，互相帮助，互相尊重，也互相提携。这样的陪伴，才是人世间最美好的陪伴，也才能让我们在生命的历程中不会感到寂寞。

曾经有儿童心理学家经过研究发现，即使在同一个家庭里，每个孩子因为出生顺序不同，所以面临着不同的成长环境。如果说大多数孩子小时候都是在打打闹闹中成长的，那么等长大了，需要他们支撑起家庭，又该由谁说话算数呢？即使在家庭里，也需要一只"领头羊"，才能率领家庭全体成员在生命历程中披荆斩棘，乘风破浪。

记得有一位名人说过，父母的偏爱是导致兄弟手足疏远的重要原因。的确，同样是父母生养的孩子，为何在父母那里得到不同的待遇呢？在父母偏心的家庭里，不但兄弟手足的关系很不好，每个孩子与父母的关系也不会很亲密。由此可见，作为父母要维持好家庭的秩序，还要衡量好心中的天平。

每个家庭都有自己的特殊情况，如果原生家庭幸福和睦，孩子无疑是幸运的。如果原生家庭已经破裂，而爸爸或者妈妈又重新组建了家庭，这样的家庭情况当然更复杂，相处起来也更难以处理好各种关系。有些家庭里，父母不在了，家也就散了，原本因为父母，兄弟姐妹每年还会聚会，互通有无，而没有了父母，则兄弟姐妹的关系日渐疏远，形同陌路。作为孩

子，要尊重父母生前的愿望，把家人都团聚在一起，这样才能处理好彼此之间的关系，也让大家庭继续和睦友好。

作为父母，一定要教育孩子尊老爱幼。中华民族有着悠久的历史，有着传统的美德，其中尊老爱幼就是世代传承的美德。即使时代发展到今天，父母也要给孩子做出表率，以实际行动教会孩子要尊重和孝敬老人。谁都有老的一天，在一个家庭里，老人的今天，就是我们的明天，就是孩子的未来。在教会孩子礼貌的同时，父母也可以对孩子进行生命的教育，让孩子渐渐认识到生命的本质，也对生命怀有敬畏之心。

父母要为孩子营造良好的家庭氛围，让孩子感受到家庭里充满着爱，也其乐融融。有人说，父母现在的相处模式，就是孩子未来与生命伴侣相处的模式，这很有道理。原生家庭对于孩子的影响根深蒂固。对于男孩而言，要多与父亲相处，感受到父亲身上的阳刚之气，形成坚毅、果敢的品质。女孩子与妈妈更亲密，同时也需要父亲的影响。在父亲身上，女孩会获得强烈的安全感，这对于女孩的健康成长是至关重要的。

对于每一个孩子而言，家庭都是至关重要的，他们从呱呱坠地就在家庭里成长，就感受着父母的一言一行和喜怒哀乐。只有父母成为楷模，孩子们才会健康快乐，也才能对家庭充满渴望与憧憬。

情商课堂

亲情、友情，看似是两种截然不同的感情，实际上彼此之间有着密切的关系。父母与孩子之间既有亲情，也可以成为朋友；孩子与小伙伴之间既有友情，也可以成为不是亲人胜似亲人的人。感情总是非常微妙的，父母要对孩子进行感情的启蒙，孩子才会更加深刻地体会感情，感悟人生。

与人为善，与己为善

放学了，果果嘟囔着小嘴巴走出校园，妈妈大老远就看到果果不高兴，因而等到果果走近了，妈妈迫不及待地问："果果，你怎么噘着嘴巴一副不高兴的样子呢？"果果对妈妈说："妈妈，我以后再也不和盈盈玩了，也不让她来咱们家。反正，我和她不是朋友了。"妈妈很惊讶，因为盈盈和果果是从小玩到大的好朋友，以前是邻居，现在是同学。一直以来，果果从未说过要和盈盈决裂的话，这次到底是怎么了？

回到家里吃完饭，妈妈决定好好问问果果。果果说："今天在学校，我忘记带橡皮了，就和同桌借橡皮用，说了几句话。盈盈当即就向老师举报我，说我扰乱课堂秩序。她不就是个纪律委员吗，还六亲不认了呢！我是她最好的朋友，她还这么对待我。"听了果果的讲述，妈妈问："那你一定被批评了吧？"果果点点头："可不是嘛，老师狠狠地批评了我一顿！都怪这个可恶的盈盈。"妈妈安抚果果："被老师批评，的确种糟糕的体验。不过，盈盈作为纪律委员，有责任维护班级纪律。你认为，你是否违反了纪律呢？"果果点点头，说："即使借橡皮，也不能说话。"妈妈笑起来："刚才我还以为果果是个糊涂虫呢，现在看来果果一点儿也不糊涂啊，知道维持纪律是盈盈的职责所在。既然如此，就不要再生盈盈的气，以后要多多体谅盈盈，尽量不要给她添麻烦，好吗？你要知道，你违反纪律，盈盈也很为难，一方面你是她的好朋友，另一方面她又是纪律委员，一定左右为难。最终，还是公心战胜了私心，没有包庇你这个好朋友。"果果听了妈妈这番话，忍不住笑起来："妈妈，你还是向着盈盈，难道我还要和盈盈道歉吗？"妈妈说："盈盈做了正确的事情你却生她的气，你可以道歉，也可以不道歉，不过妈妈希望你能和盈盈继续当好朋友，好吗？有一个从小一起长大的好朋友是多么不容易啊，你要珍惜哦！"在妈妈的一番劝说下，果果心中的结解开了，她和盈盈又成为好朋友，彼此之间更加亲密了。

如果妈妈不是劝说果果体谅盈盈，而是和果果一样抱怨盈盈在老师面前告果果的状，果果和盈盈的友谊就很难恢复。孩子们不断地成长，接触更多的人，也经历更多的事情。如果他们在与人发生矛盾的情况下，只会从自己的角度出发一味地抱怨他人，渐渐地就会失去朋友，变得更加孤独。不管是成人还是孩子，都要有宽容博大的胸怀，遇到事情的时候不要总是从自己的角度出发思考问题，而是要更多地体谅他人，知道他人的苦衷，这样才能与他人和睦相处。

对于每个人而言，要想顺利地与人交往，就要与他人之间进行顺畅的沟通。人人都想成为演讲家，被他人倾听，得到他人的喝彩，那么谁来当听众呢？要想成功地打动他人的心，把话说到他人的心里去，我们就要坚持与人为善。正如人们常说的，原谅他人，就是宽宥自己。同样的道理，如果能够做到宽容他人，我们的心中也会更加开阔，我们的心情也会更加愉悦。

具体来说，父母要想教会孩子与人和睦相处，就要做到以下几点。

首先，让孩子意识到他人的存在，而不要总是以自我为中心，处处自以为是。在尊重他人的同时，孩子还应该留意到他人的需求，如果能够做到，就主动满足他人的需求。

其次，不要总是把孩子关在家里面对着冷冰冰的电视或者电脑，而是要放下手机，更加用心投入地陪伴孩子，还可以与孩子一起和同龄人相处，和同龄人一起做游戏。在此过程中，孩子能学会合作，也能够更好地融入同龄人的团队。

最后，要让孩子学会分享。分享不是失去，而是得到，可以把痛苦减半，也可以让快乐翻倍。如今有太多的孩子都缺乏分享意识，在成长的过程中，在父母的骄纵宠溺之下，他们已经习惯了吃独食，根本不愿意把自己所有的分出一半给其他人。不得不说，这是很糟糕的行为习惯，也注定会让孩子没有朋友。作为父母，既可以亲自与孩子分享，也可以引导孩子与同龄人分享，相信当孩子切身感受到分享的快乐，他们会真正爱上分享。

● 情商课堂

每个人都需要朋友的陪伴，走过这一生才会不孤独不寂寞，也才会与朋友一起感受更多的快乐。然而，每个人都是世界上完全独立的生命个体，是独一无二的，是与众不同的，由此可以知道人与人之间的相处多么艰难。要想打破人际交往的隔阂，消除人际相处的障碍，父母一定要让孩子知道与人为善，就是与己为善，这样孩子在面对与他人之间的矛盾时，才会更加友善与宽容，也才会更愿意包容和理解他人。

好人缘让你事事顺畅

古人云，"得道多助，失道寡助"，这就告诉每个人都需

第04章 你该有个好人缘：让大家喜欢你，你才更有话语权和竞争力

要得到他人的帮助，才能距离成功越来越近，否则只靠一己之力就想战胜重重困难，几乎不可能。既然如此，父母当然要从小培养孩子的好人缘，让孩子广交天下朋友，也在艰难的时刻得到朋友的慷慨相助。

有好人缘的人，不管做什么事情，都非常顺利。即使个人能力达不到，他们也会在朋友的助力下推动事情向前发展。反之，没有好人缘的人，则无法得到帮助，也常常会因为自己的能力有限而导致事情陷入困境。最惨的是那些人缘很差的人，他们非但不能得到帮助，还会遭遇各种障碍和困境。俗话说，宁愿得罪君子，也不要得罪小人，一旦得罪了小人，就会被小人使用各种见不得人的招术设置障碍。所谓明枪易躲，暗箭难防，对于小人，我们要敬而远之，而不要与他们为敌。

作为美国哈佛大学教育研究所的教授，霍华德·加德纳在1983年提出了多元智能理论。他认为，一个人要想全面均衡的发展，就要具备八项智能：言语、数学逻辑、空间、音乐等。这个理论在世界教育领域引起了巨大反响，尤其是八项职能之一的人际智能这一项，实际上指的是人的社交能力、与人相处能力，也涉及人的情商。通常情况下，人际智能高的人，在人群之中非常自在，他们能够处理好各种人际关系，也得到更多的助力。而那些人际智能低的人，则很难与人和谐相处，在人群之中各种不自在。

有专家发现，很多从小学习特别拔尖的孩子，长大之后的成就反而不如那些在班级里学习处于中上等水平的孩子。这是为什么呢？就是因为这些尖子生一心一意只想着学习，也把所有的时间和精力都投入到学习上，根本没有时间和同学交往，也没有精力发展兴趣爱好。而那些学习处于中上等水平的孩子，并非只顾着学习，相反，他们会更多地与同学相处，也会在和同学开展集体活动的过程中，加深与同学的感情。这样的社交能力对于成人而言非常重要，却要在童年时期发展。

古今中外，很多伟人都意识到与人相处的重要性。美国前总统罗斯福曾经说过，要想获得成功，首先要学会与人相处。美国大名鼎鼎的石油大王洛克菲勒也曾说过，他愿意付出更大的代价来学会与人相处的能力。由此不难看出，这些成功人士已经验证了与人相处的重要性。作为父母，还有什么理由不重点发展孩子的人际交往能力呢？

心理学家经过研究发现，当孩子外向乐观且拥有好人缘时，孩子会更加快乐。如果孩子内向悲观且人缘很差，就会孤独寂寞，总是畏缩退却，就像置身于自己的孤岛之上，与外部世界完全隔离开来。这样的状态对于孩子的成长显然是没有好处的，还会带来很多负面影响。既然孩子长大之后是否能够获得成功，与此刻的成长状态是密切相关的，父母就要更加注重培养孩子的社交能力，让孩子在人际相处中有更好的表现，更快乐地成长。

● 情商课堂

既然人生是一场旅程，为何不在旅行过程中，与志同道合的伙伴们结伴而行呢？一则可以排遣旅途的寂寞，二则可以在遇到危险的时候守望相助，彼此扶持。如果父母离群索居，不喜欢与人交往，则孩子的性格会受到家庭环境的影响，往往也是闭塞的。反之，如果父母很外向很乐观，也很善于交际，家里经常有客人来往，则孩子会在不知不觉中受到父母的影响，觉得人生就应该这样热闹。

多多支持和鼓励孩子参与集体活动

联合国第七任秘书长安南为世界的和平发展做出了伟大的贡献。安南平易近人，在他担任秘书长期间，为全世界人民做了很多好事。因而，人们都赞誉安南是一位亲民的联合国秘书长。

安南出生在非洲，小小年纪就去了美国，寄宿在叔叔家里。在当时，美国的白人与黑人之间还不是这样毫无隔阂，安南在学校里处于白人同学之间，很孤独，还常常被欺负。有一次，安南报名参加了学校里的篮球比赛，而他决赛的对手正是那几个经常欺负他的男孩。眼看着比赛就要输了，有个男孩撞击了安南，安南受到伤害，但还是忍着剧痛赢得了比赛。然而，他再也不想去学校。叔叔得知真相后，问安南："不上学，就不能为世界做贡献。你的理想是什么？"安南想了想，认真地回答叔叔："我希望不再受到歧视，得到全世界的尊重。"叔叔鼓励安南："如果你有这么远大的志向，就不要因为遭遇一个小小的障碍而放弃学业，这是弱者的逃避行为。真正的强者会融入他们，影响他们，然后赢得他们的尊重。"在叔叔的鼓励下，安南始终牢记自己的志向，再也没有因为肤色而孤独地存在于学校里，反而积极地报名参加各种集体活动，最终以优秀的表现赢得了白人同学的认可，为自己在学校里赢得了一席之地。

如果遇到困难就退缩，尤其在人际交往中，因为被排挤就放弃努力，不再试图融入集体之中，这显然是很糟糕的，也是弱者的表现。幸好，叔叔给予了安南正确的引导，让安南知道如何做才能真正改变因为肤色被歧视的现状。正因如此，安南才能正视自己的肤色，也才能以自信的形象出现在同学们之间，也以出类拔萃的表现赢得同学们的尊重和认可。

作为父母，一定要多多支持和鼓励孩子参加集体活动。在集体活动中，孩子们需要与同龄人相处，也需要做一些力所能及的事情，让自己与同学们更多地互动，也可以抓住机会证明

第04章　你该有个好人缘：让大家喜欢你，你才更有话语权和竞争力

自己的能力和实力。在参加集体活动的时候，孩子们一定要多动手少动嘴，不要总是指挥其他同学，也不要对其他同学的所作所为指手画脚，这样才能赢得小伙伴们的喜爱，也才能渐渐地在小伙伴面前树立威信。

当看到他人需要帮助的时候，父母还要支持和鼓励孩子主动帮助他人。每个人的能力都是有限的，一个人即使能力再强，也不可能把每件事情都做到最好。尤其在现代社会，要想获得成功，更需要把自己的力量与他人的力量融合起来，从而增强自身的力量，距离理想的目标越来越近。

在诸多的集体活动之中，父母尤其要鼓励孩子多参加体育活动。体育活动的竞技性很强，而且要与对手进行面对面的交锋，还会进行肢体的接触。竞技类体育项目至少需要两个参与者，当然，体育类的竞技项目并不能只依靠蛮力获胜，而是需要运用智慧，拥有力量和胆量。这些，正是孩子们在人际交往中需要具备的基本素质，也会给孩子的成长带来更多的助力和帮助。当孩子们在一起挥汗如雨结下友谊，这样的友谊一定是深厚的，也一定是让人难忘的。就像当过兵的人对于战友之情总是颇有感触，当孩子们通过合作获胜，这样的感受对于他们来说也是很珍贵和难得的。

在孩子和竞争对手展开竞争的时候，父母要引导孩子，告诉孩子友谊第一、比赛第二的道理，从而避免孩子采取不正当

手段参与竞争。孩子要知道，竞争对手不是阶级敌人，每个人与竞争对手之间固然是竞争的关系，却也需要相互切磋，共同进步。只有端正心态，与身边的人更好地相处，孩子才能既收获友谊，也收获成长。

● 情商课堂

集体活动对于孩子是很好的历练，在集体活动中，孩子成长的速度很快，每个孩子不同的潜质也会得以表现。有些孩子很注重实干，有些孩子很擅长统筹安排，有些孩子很善于协调……每个孩子都有自己擅长的方面，父母要做的就是挖掘孩子的潜能，让孩子在集体活动中有更加优秀的表现。

让孩子学会专注地倾听

转眼之间，果果和盈盈已经升入小学四年级了。自从一年级那次矛盾之后，她们的感情越来越好，再也没有发生过不愉快。

最近，果果发现盈盈很沉默，经常表现出心不在焉的样子。哪怕果果邀请盈盈一起去看大电影动画片，盈盈也兴致索然，并不迫切地想要参加。对于盈盈这样的表现，果果很纳闷，不知道盈盈到底发生了什么事情。

终于有一天，果果忍不住问盈盈："盈盈，你怎么了，有什么不开心的事情吗？"盈盈突然嘴巴一撇，哭了起来："我爸爸妈妈要离婚了。"果果听到这个消息很震惊，一时之间不知道该说什么，只好拍了拍盈盈的肩膀，满怀同情地看着盈盈。盈盈说："妈妈问我愿意不愿意跟着她，我当然不想离开妈妈的身边。但是，我也舍不得爸爸。我想拥有爸爸和妈妈，就像每一个正常的孩子那样，我不想让他们离婚。"盈盈一边说一边哭，眼泪止不住地往下掉。果果拿出手帕给盈盈擦眼泪，盈盈感动地对果果说："果果，我也不想离开你。如果我跟着妈妈，妈妈就要带着我回到姥姥姥爷家里，我就要转学，以后就再也看不到你了。"果果的眼眶也红了，对盈盈说："不会的，现在交通很发达，我们还可以打电话，一定还能再见的。"小姐妹俩在一起说了一个下午的悄悄话，果果一直在听，盈盈一直在说。和果果说完，盈盈感激地对果果说："果果，很感谢你听我说了这么多，我心里舒服多了。"

当一个人需要安慰的时候，我们喋喋不休地说，只会让他感到厌烦。真正的沟通是从倾听开始的，而不是从表达开始的。越是对方情绪激动，急需倾诉，我们越要管好自己的嘴巴，贡献出自己的耳朵，以专注的倾听表达对对方的理解、尊重和关爱。这样的关系非常美妙，也是真正心灵相通的人之间才能达到的至高境界。

很多孩子都喜欢抢着说，似乎只有把话说出来，他们才算真正参与了交谈。其实不然。有的时候，耳朵比嘴巴更重要，因为耳朵意味着我们有耐心，也意味着我们非常真诚。英国大名鼎鼎的作家萧伯纳曾经是一个很健谈的人，他不管走到哪里都自以为聪明地说个不停。有一次，一个朋友实在忍不住，因而忠告萧伯纳如果能管住嘴巴就会更受人欢迎，从此以后，萧伯纳下定决心改掉了自以为是、滔滔不绝的坏习惯，果然在朋友们之间更受欢迎了。

上帝为何给人一只嘴巴和两只耳朵呢？就是为了让人们要少说话，多倾听，就是为了让人们学会倾听，而不要总是信口开河。倾听，既是对他人的尊重，也是我们自身素质和涵养的表现。父母要想培养孩子倾听的能力，首先要帮助孩子养成倾听的好习惯。其实倾听有很多好处，可以帮助孩子静下心来去了解和感受他人，可以帮助孩子更好地找准话题展开攀谈，也可以表达孩子对他人的尊重，让孩子赢得他人的好感。其次，父母要提升孩子对于声音的敏锐感受力。伟大的成功学大师卡耐基说，每个人即使有十张巧舌如簧的嘴巴，也比不上拥有一双懂得倾听的耳朵。最后，父母还要教会孩子在倾听的过程中及时给予他人反馈，如可以微笑、点头，或者以简单的语气词表示对对方的认可，还可以对对方提问，激发对方的谈兴。只有做一个好的倾听者才能成功地打开他人的心扉，让他人愿意吐露心声。

● 情商课堂

倾听可以拉近人与人之间的关系，给他人留下好感。在倾听过程中进行提问的时候，父母要告诫孩子，切勿涉及他人的隐私或者那些敏感话题。有些话题，只能在关系特别亲近的人之间谈起，孩子要学会衡量自己与他人的关系，对于不该提起的话题一定要避免，这样才能避免交谈陷入尴尬、冷场境地，也才能促使交谈顺利进行下去。

让孩子知道如何与人合作

在乐园里，小米始终一个人在玩，幸好乐园里玩具很多，她有很多选择。在她身边，就是玩闹喧嚣的孩子们，但是小米对他们并不感兴趣。她仿佛沉浸在自己的世界里，也很怡然自乐。看着小米的样子，妈妈不由得有些担心：小米这么不合群，将来怎么融入社会呢？这正是妈妈带小米来乐园玩的原因。

很快，小米放下手中的玩具，去了太空沙领域。太空沙处已经有好几个小朋友了，小米虽然找到了一个座位，但是却没有找到喜欢的模具。她左看看右看看，想要寻求妈妈的帮助。

妈妈对小米说:"和小朋友们一起玩,你们可以建造一座城堡。"小米最擅长建造城堡,却不擅长邀请小朋友。在妈妈的鼓励下,她才鼓起勇气对小朋友说:"我们可以一起玩吗?"小朋友点点头。小米先用简单的模型塑造了基本设施,然后对小朋友说:"我在建造一个城堡,可以用下你的那个模具吗?"听说小米在建造城堡,小朋友很乐意和小米合作,热情地参与其中。小朋友对小米说:"好的,那你来用那个模具,我可以做什么呢?"小米安排给小朋友一个任务,那就是为城堡建造一个游泳池。就这样,小米的城堡初具模型,又吸引了好几个小朋友参与进来。很快,大家把整个太空沙区域都建造起大大小小的城堡,看起来很壮观。乐园里的工作人员看到之后,称赞小米:"这个小朋友真的很棒,为大家带来了这么好的创意,所以大家才能建造城堡。现在,我们都来为她点赞、鼓掌,好不好?"

小米无疑已经习惯了孤独,即使在乐园里也习惯了独自玩耍。妈妈当然希望小米能够与其他小朋友一起玩,懂得与人合作的道理。在玩耍太空沙的时候,小米因为没有模具,所以只能张口提出和其他小朋友一起玩的请求。正是在此过程中,小米感受到和小朋友合作的快乐,也因为和小朋友们一起建造了城堡而得到了点赞。相信经过这件事情之后,小米会打开心扉,更愿意与小朋友们一起玩耍。

第04章 你该有个好人缘：让大家喜欢你，你才更有话语权和竞争力

合作非常重要，可以让小朋友们得到加倍的快乐，也可以让成人在生活和工作中得到助力。当孩子习惯了独来独往，就很难改变，所以父母要从小培养孩子与人合作的精神，让孩子养成善于合作的好习惯。

很久以前，有个人很好奇天堂和地狱到底是什么样子，因而就去问先知。先知没有说话，当即拉着这个人的手走进一个房间里。在这个房间的正中间，有一口大锅，锅里的肉汤已经翻滚了，散发出浓郁的香气。在锅的周围围坐着一圈人，让人奇怪的是，这些人围着锅灶坐着，眼前就是肉汤，但是他们却面黄肌瘦，看起来已经忍饥挨饿了很多天。原来，这些人都拿着长柄的勺子，虽然能舀到肉汤，但却喝不到嘴里。看着他们眼中冒出的绿光，这个人不寒而栗。先知告诉他："这是地狱。"

说完，先知拉着这个人的手走进另外一个房间。这个房间和地狱的房间差不多大小，正中间也有一锅沸腾的肉汤，香气诱人。不过，围坐在锅周围的一圈人个个都面色红润，而且彼此之间谈笑风生，一派和谐的景象。这个人很纳闷，因为他看到这个房间里的人也拿着长柄的勺子，那么他们是如何喝到肉汤的呢？观察片刻，他恍然大悟，原来这里的人舀到肉汤之后，都没有独自吃，而是把肉汤送入相邻的人口中。同样地，相邻的人舀到肉汤之后，也会送到他们的口中。就这样，每个

人都喝到肉汤，再也不用忍受饥饿的折磨了。

这虽然只是一个故事，但是却深刻为我们揭示了合作的道理，也告诉我们合作有多么重要。人与人之间只有相互合作，才能互惠互利，如果大家都只顾着自己的利益，丝毫不考虑他人的需求，就会损人害己。合作，是共赢的基础，也是共赢唯一的途径。

为了培养孩子的合作精神，父母要成为孩子的榜样，在家庭生活中要与家人合作，在日常工作中要与同事合作，这样才能给孩子带来好的影响。有些家庭里，家和万事兴，就是因为家人之间通力合作，谁也不抱怨谁，而是都竭尽所能为家庭付出，也很积极地做自己擅长的事情。而在有的家庭里，之所以整日吵闹，就是因为家庭成员总是不能做到密切合作，常常因为小小的利益发生争执，最终谁都过不好。家庭中，精诚团结的氛围对孩子也会产生很大影响。

一念天堂，一念地狱，既然如此，我们为何不生活在天堂里，而偏偏要往地狱里去呢？父母要为孩子铺就人生的道路，就要有意识地培养孩子的合作精神。孩子很爱玩，以游戏的方式引导孩子多多与人合作，也是不错的选择。只要父母有心，就有很多方法可以引导孩子，循序渐进培养孩子的合作精神。

● 情商课堂

让孩子从小就形成合作的精神和意识，帮助孩子更好地与他人构建关系,这很重要。有些父母总是担心孩子与小朋友们一起玩会被欺负,又害怕孩子吃亏,其实父母多虑了。孩子们在一起玩耍的过程,就是成长的过程。父母要学会对孩子放手,让孩子能够在合作过程中感受加倍的快乐,这样孩子才会爱上合作,也真心喜欢合作。

把话说好,才能打动人心

自从在游乐场里和小朋友们一起玩,小米渐渐地爱上了参加集体活动,与小伙伴合作完成任务的美妙感觉。她不再满足于待在家里独自玩耍,而是经常央求妈妈带她出去玩,也很愿意和妈妈一起拜访有孩子的家庭。

有一天,妈妈带着小米一起去同事家里做客,同事家有个女孩叫若水,和小米差不多的年纪。到了同事家里,妈妈和同事聊天,小米和若水马上打得火热,玩得非常开心。后来,若水拿出自己心爱的芭比娃娃,小米很想玩,但是若水却舍不得给小米玩。这个时候,小米很生气地对若水说:"若水,我是客人,你要让着我。"听到小米的话,若水也马上反驳:"小米,这是我的玩具,我有权利不给你玩。"她们你一言我一语,很快争吵起来。妈妈们听到争吵声及时赶到,得知事情的原委忍不住笑起来。妈妈对小米说:"小米,这是若水的玩具,你如果想玩,要和若水商量,态度不要这么强硬。你要动脑筋想一想,怎么才能打动若水的心,让若水愿意把娃娃给你玩呢?"在妈妈的一番引导下,小米对若水说:"若水姐姐,我可以玩一下娃娃吗?我保证只玩一下,而且我会很小心,不会伤害她的。"若水看到小米的态度这么友善,带着央求,不好意思再拒绝小米,当即同意了小米的请求。

同样的话换一种说法,就会有不同的效果。小米第一次对若水采取指责的态度,结果遭到若水的反对。在第二次和若水沟通的时候,小米得到妈妈的启发之后,发挥语言的艺术,对若水的话说得很柔软,也打消了若水的顾虑,所以才能如愿以偿得到若水的同意,玩到娃娃。可见,说话是很重要的,我们既要掌握沟通的技巧,也要发挥沟通的艺术,让语言为我们游刃有余的社交助力。

在人际交往中,沟通能力很重要。沟通是心与心之间的桥梁,也是融洽人际关系的关键。如果沟通不到位,人与人之间就无法做到心意相通。如果沟通有误解,人们还会因为误解而产生隔阂,也会因为误解变得疏远。父母要致力于培养和提升孩子的沟通能力,让孩子能够驾驭语言准确地表情达意,当孩子能够广结人缘,拥有良好的人际关系时,相信孩子不管是在生活中还是在工作中,都会取得更大的成就,也会有更好的表现。

第04章　你该有个好人缘：让大家喜欢你，你才更有话语权和竞争力

有些孩子已经习惯了独来独往，并不认为人际关系非常重要，因为他们从小就是在没有兄弟姐妹，也没有朋友的环境中成长起来的。实际上，这样的思想是要不得的，也会限制孩子的快乐成长，禁锢孩子的人生。父母有责任引导孩子和小伙伴一起玩耍，也要告诉孩子每个人都需要得到他人的帮助，才能更好地成长。尤其是在相处出现异常情况时，父母更要指引孩子做出正确的表态和处理的方式。例如，孩子犯了错误，有意或者无意地伤害了他人，那么不要任由孩子对于自己的错误无动于衷，而是要教会孩子道歉。人与人之间的很多冲突都是因为很小的原因导致的，如果能够在伤害他人或者给他人带来困扰的情况下，及时表示歉意，就能马上表现出自己的诚意。这样做，才能有效地平息他人心中的愤怒，安抚他人的情绪，也为我们采取措施弥补错误争取了时间。反之，如果我们出言不逊，态度强硬，蛮不讲理，我们就有可能因为一个无心的过失而导致与他们之间发生激烈的争吵或者是矛盾冲突。不得不说，这都是因为没有及时把话说出口，也没有采取恰到好处的措施导致的。

语言，是思想的外衣，语言从我们的心底汩汩而来，带着温度，也带着我们灵魂的气质。也许说几句话是非常简单的事情，但是要想把话说好，却是很难的。作为父母，在和孩子沟通的时候要讲究方式方法，切勿总是粗鲁地对孩子吼叫。当

孩子感受到语言的魅力，也知道语言能让人际关系和谐融洽，也能让人与人之间的感情日渐加深，孩子就会认识到语言的重要性，也会主动自发地争取把话说好，打动人心。反之，如果孩子总是在承受着父母的语言暴力，感受着极低温度的语言，他们怎么可能心怀友善，口吐莲花呢？尤其是对于年幼的孩子而言，学习语言的过程就是接受、理解和外化的过程。在有意或者无意之间，孩子们会将听到的那些话都记在心里，而等到时机合适的时候，他们就会不假思索地说出来，或者用语言表达内心的温暖，或者用语言作为武器来攻击他人。孩子究竟会如何表现，取决于他们一直以来成长的语言环境，也取决于他们内心的温度。因而，父母不要觉得说话对于孩子而言是一件简单的事情，是能够水到渠成的。实际上，把话说好是难度很大的，尤其是培养孩子把话说好，提升孩子的表达能力，更是难上加难。作为父母，要用心地与孩子沟通，为孩子营造良好的语言环境，也为孩子树立榜样，也要多多指点孩子的语言表达，提升孩子的语言水平，让孩子真正掌握沟通的艺术。

情商课堂

父母要告诉孩子，人与人之间的关系总是相互的，一个人想要得到他人怎样的对待，自己首先要怎样对待他人。例如，尊重、平等、真诚、友善，这些关系的建立都需要双方的共同努力，否则只会导致关系变得紧张，也无法顺利地向前发展。

第 05 章

你该勇敢且坚强：
跌倒了爬起来就好，失败也没有什么大不了

人生道路上，谁不是一路跌跌撞撞，谁不是既经历了风雨，也走过了泥泞坎坷。如今，有太多的孩子从小就泡在蜜罐里长大，他们既不知道辛苦和忧愁的滋味，也不能承受失败和压力。不得不说，这样的孩子一旦走上社会，必然吃尽苦头。对于孩子们而言，要形成坚强且勇敢的品质，就要勇于吃苦，不畏惧人生的各种磨难与挫折。就算失败了也没关系，只要重头再来，依然会拥有精彩的人生。

遭遇坎坷，也要砥砺前行

这几天，正在读初三的思瑶就像被霜打的茄子一样，总是蔫头耷脑的，提不起兴致来。原来，在初三的第一次月考中，思瑶因为发挥失常，导致成绩下滑严重，原本她最擅长语文才考了六十多分。对于这样的打击，思瑶感到很沮丧，丝毫提不起精神来。

看到思瑶的样子，妈妈几次三番鼓励思瑶，却没有什么效果。这几天晚上，思瑶都戴着耳机听音乐，看课外书，学校里的作业也是应付了事。妈妈很担心思瑶会就此一蹶不振，有一天晚上吃完饭，妈妈来到思瑶的房间里，准备和思瑶好好谈一谈。妈妈问思瑶："瑶瑶，这是你从小学以来，第一次考得这么差吧？"思瑶点点头，眼睛里溢满泪水。妈妈说："其实，妈妈很感谢你，因为一直以来你学习上都很努力勤奋，也总是能考取好成绩，让妈妈觉得脸上有光。不过，妈妈始终都很担心你，在你不曾在考试方面出现滑铁卢之前。"思瑶疑惑地看着妈妈，妈妈接着说："一个人太顺利了，不是一件好事情。没有人的人生会是一帆风顺的，如果注定要接受打击，为何不让打击来得更早一些呢，对不对？越早承受打击，我们就越早

第05章 你该勇敢且坚强：跌倒了爬起来就好，失败也没有什么大不了

提高自己，也做好迎接人生风雨的准备。否则，一旦习惯了顺遂如意的人生，将来突然遭受打击，就会更加难以接受。而且，考试中出现问题是好事情，这样可以帮助我们查漏补缺。就像你这次的语文试卷，丢分最多的就是古文阅读理解，对不对？现在出现问题，总比在中考中出现问题要好，因为我们还有补救的机会，你说呢？"在妈妈的一番开导下，思瑶的心结解开了，对妈妈说："妈妈，我会努力的，未来至少不会在古文方面再出现这么严重的问题。"妈妈欣慰地对思瑶说："这才是我的好女儿，妈妈相信你一定能行。"

越是在顺境中成长的孩子，在第一次遭遇困境的时候，越是难以接受和面对。作为父母，不要总是把孩子保护得太好，而要给予孩子更多的机会亲自去尝试，也让孩子亲身感受失败的痛苦和成功的喜悦。相比成功，孩子更需要的是挫折和打击，否则从小就习惯了顺境的孩子，会误以为人生就应该这样顺利，从来不起波澜的。只有让孩子接受命运的打击和磨难，孩子的内心才会更加坚强，也才能勇敢地面对人生的风雨。

作为"70后""80后"，每当耳边响起熟悉的旋律"不经历风雨，怎么见彩虹，没有人能随随便便成功……"心中就会激情澎湃，忍不住感慨人生不易，且行且珍惜。如今的年轻人对于这首歌会很陌生，建议父母们不妨把这首歌放给孩子们听一听，相信孩子们也会有所感触。尽管新生代的孩子们从小就

过着衣食无忧的生活，而且很少会经受磨难，但是对于孩子而言，多多感受生活的艰难，总是没错的。

每一个父母都希望孩子坚强勇敢，总是能够朝着未来前进。既然如此，父母就要从小培养孩子优秀的品质和坚强的意志力。举个最简单的例子，当蹒跚学步的孩子跌倒了，父母是鼓励孩子自己爬起来，还是赶紧跑过去扶起孩子呢？如果父母鼓励孩子爬起来，孩子将来再次跌倒的时候，就不会哭闹，而是会依靠自己的力量勇敢地爬起来，在哪里跌倒了，就从哪里继续前行；反之，如果父母赶紧跑过去扶起孩子，那么孩子原本只是略微有点儿疼，现在就会开始哭。而且，等到再次跌倒，他们压根儿不想自己爬起来，而只是趴在那里哭泣，等着父母来帮助他们。试问，父母能跟在孩子身边一辈子，始终这样无微不至地照顾孩子，也为孩子解决所有的难题吗？当然不能。既然如此，父母为何不让孩子养成从哪里跌倒就从哪里爬起来的习惯呢？相信当孩子形成这样的好习惯，即使没有父母在身边，也能走得很好。

归根结底，孩子只能靠自己走完这一生。作为父母，也许可以送孩子一程又一程，但是却不能始终陪伴在孩子身边。每当看到别人家的孩子那么坚强勇敢，父母难免会羡慕，与其徒劳地羡慕，不如从现在开始积极地引导孩子，让孩子在成长的道路上不畏艰难，砥砺前行。

第05章　你该勇敢且坚强：跌倒了爬起来就好，失败也没有什么大不了

● 情商课堂

在成长的过程中，孩子难免会遭遇挫折和打击，要想让孩子更加坚强勇敢，父母就要引导孩子直面困难，也想方设法地解决困难，而切勿对困难缴械投降。尤其是在面对失败的时候，如果一蹶不振，注定会被失败彻底打倒，如果能够振奋精神，把失败踩在脚下，那么就可以踩着失败的阶梯向上攀登，最终到达人生的巅峰。

失败是成功的阶梯

最近，学校里又在筹备演讲比赛。老师推荐默默参加演讲比赛，因为默默有经验。然而，默默对此表示拒绝："我初一参加演讲比赛都没有获奖，很失败，现在，我可不想再接受一次失败的打击。"听了默默的话，老师说："正是因为你初一有过参加演讲比赛的经验，所以我才认为你是最适合的人选啊！这一次演讲比赛中，你可以发挥之前的优势，避开之前的劣势，从而有更好的表现，这样就能大大增加胜算啊！"然而，默默似乎对于比赛有阴影，不管老师怎么说，她都不想参加。

回到家里，妈妈问默默："听说学校里又要举行演讲比

赛？"默默点点头，一副不感兴趣的样子。妈妈说："这可是个好机会啊，你还可以上场，证明自己的实力。"默默白了妈妈一眼："得了吧，我可不想自取其辱。"妈妈听到默默的话，惊愕地张大嘴巴："这怎么能叫自取其辱呢？你这一年潜心读书、朗诵，不正好可以上台验证自己的努力是否有所收获么？如果你因为一次失败就一蹶不振，或者再也不敢进行相关的尝试，那岂不是让人生少了很多乐趣和机会吗？"默默反问妈妈："如果再失败，怎么办？"妈妈笑着说："其实，既然是比赛，就总会有人获得好名次，有人没有名次。从严格意义上来说，没有获得好名次不是失败，只是没有发挥很好而已，不值得沮丧。"默默还是很迟疑。妈妈说："默默，你最崇拜的人是发明大王爱迪生，对不对？"默默回答："对啊，爱迪生发明了电灯，为全世界的人带来光明，非常伟大。"妈妈说："那么，你知道爱迪生为了发明电灯，进行了多少次实验吗？"默默摇摇头，妈妈以缓慢的语速说："爱迪生为了发明电灯，尝试了一千多种材料，进行了七千多次实验，才找到合适的材料作为灯丝使用，才为世界带来光明。如果爱迪生连进行第二次尝试的努力都没有，怎么可能获得成功呢？"妈妈的话使默默陷入了沉思，过了片刻，默默说："妈妈，我愿意再一次挑战自己，即使不能获得好名次，至少我也能积累经验。"妈妈拍了拍默默的肩膀说："这才是明智的选择。"

第05章 你该勇敢且坚强：跌倒了爬起来就好，失败也没有什么大不了

因为初一的时候参加演讲比赛没有获得好名次，使得默默面对再次参加演讲比赛，非常犹豫和迟疑。正如妈妈所说的，在比赛中没有获得好名次，并不能以失败来盖棺定论，退一步而言，就算真的失败了，也不要因为一次失败就一蹶不振，再也不敢尝试。尤其是孩子在成长的过程中，更是会犯各种错误，如果他们被错误禁锢，不能放开手脚去再次尝试，努力争取做到更好，那么他们就会面临各种困境，并会陷入被动和绝望之中，无法自拔。明智的父母不会批评孩子"不会"，也不会批评孩子"犯错"，而是会鼓励孩子面对失败，扬起信心的风帆，无所畏惧地努力前行。

现实生活中，很多父母的得失心很重，总是急功近利，迫切渴望孩子能够获得成功。实际上，在孩子成长的过程中，如果总是成功，对于孩子而言并不是好事情。相反，给孩子适度的打击，让孩子更多地感受失败，承受失败，才能磨砺孩子的心性，让孩子的内心更加强大。失败可以暴露出孩子存在的各种问题，引起孩子对于不足之处的重视，也可以让有些骄傲的孩子沉下心来，认知自己的能力，反思自己哪里做得好、哪里做得不好，这样孩子才能对自己有相对客观的认知和中肯的评价，也才能在成长的道路上走得更加稳健。当然，要想做到这一点，前提是父母要能够接受孩子的失败。

父母要告诉孩子：人生中有无数次的尝试和角逐，一次

失败并不能代表什么。和无所作为相比，失败反而对于成长更有益，因为失败是一个动态的过程，能够把各种问题呈现在我们的眼前，让我们知道人生正是因为充满了无限的可能性，才具有魅力。作为父母，可以和孩子一起寻找失败的原因，进入深度的剖析，当孩子得到父母的支持，他们会具有更强大的力量，也会提振自信心，从而鼓起勇气直面失败，也努力地让自己在各个方面做得更好。

情商课堂

每个人都有优点，也有缺点，父母要全盘接纳孩子，还要引导孩子自我赏识，这样孩子才会充满信心，也才能在面对挫折的时候始终都有勇气，都坚持努力。在受到挫折的时候，父母切勿不分青红皂白就否定孩子，而是要分析孩子失败的原因，也引导孩子查漏补缺，提升和完善自我。要想让孩子内心强大，父母最重要的就是要对孩子放手，给孩子机会去亲身锻炼。有些父母把孩子照顾得太过无微不至，不管什么事情，都不由分说代替孩子做好，结果导致孩子的能力没有得到及时发展，反而还处于停滞或者后退的状态。不得不说，父母的溺爱最终害了孩子，因而明智的父母会对孩子放手，给孩子更多的机会亲自去做很多事情，也让孩子在接受历练的过程中不断地成长和成熟。

第05章　你该勇敢且坚强：跌倒了爬起来就好，失败也没有什么大不了

勇敢面对，才能解决问题

自从爸爸妈妈离婚后，选择和妈妈一起生活的丹琪变得闷闷不乐。虽然爸爸妈妈已经离婚一年多了，但是曾经那个活泼可爱的丹琪再也回不来了。每个周末爸爸来看望丹琪，丹琪都会请求爸爸和妈妈复婚，即使知道了爸爸已经再婚，丹琪也不愿意接受。妈妈劝说丹琪不要再对爸爸提出这样的要求，丹琪却责怪妈妈："妈妈，你当初为何要同意和爸爸离婚呢？只要你不同意，爸爸就没法和你离婚，我也不会失去爸爸。"妈妈对丹琪说："丹琪，爸爸对妈妈已经没有感情了，与其这样捆绑在一起大家都痛苦，不如和平分开，爸爸妈妈都可以开始新的生活。"丹琪哭喊道："你们都要开始新生活，那我呢，我怎么办？"妈妈说："爸爸妈妈不会因为离婚就不爱你，或者少爱你。你看，爸爸每个周末都会来看望你、陪伴你，这和有些家庭里爸爸经常出差是一样的，并不会影响对孩子的爱，不是吗？"丹琪伤心地哭着，不愿意再和妈妈说话。

有一段时间，妈妈发现丹琪特别沉默寡言，而且出现了神情恍惚的情况。妈妈意识到问题也许很严重，因而带着丹琪看心理医生。心理医生对丹琪进行测试和检查，发现丹琪已经患上中度抑郁，当即对丹琪进行心理治疗。妈妈没想到问题这么严重，很担心丹琪，也和爸爸联系，让爸爸多抽出一些时间陪

伴丹琪。最终，在爸爸妈妈和心理医生的共同努力下，丹琪终于接受了爸爸妈妈已经离婚的事实，开始适应新的生活，也尝试着寻找新的相处模式和爸爸妈妈相处。

面对事实，逃避只是暂时的，因为事实是客观存在且已经发生的，无法改变。又因为时光不能倒流，所以我们只能跟随着时光的脚步一起向前走，而不要总是沉浸在悲痛的负面情绪中无法自拔，更不要封闭自己的内心，让自己长期地被负面情绪困扰。

俗话说，天无绝人之路，在这个世界上并没有真正的绝境，只要我们内心始终怀着希望，努力向前，最终就能走出困境。案例中，丹琪因为爸爸妈妈离婚而陷入苦恼状态中，对于孩子而言，父母离异的确是对家庭的打击，也是让他们很难接受的。然而，既然事情已经发生，哪怕是作为孩子也必须接受，而无法改变。当家里发生严重的事情，有些父母会选择向孩子隐瞒实情。如果孩子正处于关键时期，如要中考或者高考，那么父母暂时隐瞒孩子是可以的。但是如果父母始终不敢告诉孩子，一直把孩子蒙在鼓里，当孩子知道真相的时候一定会更加震惊，也会受到更深的伤害。父母固然要保护孩子，却不要把孩子想象得太过弱小，而是要意识到孩子理应承担一些事情，也要渐渐地成长起来。与其始终欺骗孩子，不如把真相告诉孩子，也以恰当的方式引导孩子接受现实，承受压力。

第05章 你该勇敢且坚强：跌倒了爬起来就好，失败也没有什么大不了

什么是现实呢？如果是美好的现实，孩子当然愿意接受；但如果是不好的现实，超出了孩子的想象，也完全不符合孩子的预期，则孩子是很难接受的。所谓现实，就是已经发生、既成事实的事情，是无法改变的客观存在。可想而知，让孩子接受现实是很残酷的，但是不经历这样的残酷，孩子如何能够成长呢？不可否认的是，孩子的心理承受能力有限，他们的心灵很脆弱，也因为人生经验的匮乏，对于生命并没有形成深刻的认知。所以在很多意外惊吓面前，孩子常常会以幻想、想象的方式来逃避，为自己营造虚构的美好世界，从而把外部世界的残酷、冷漠、压力等，统统排除在外。然而，世外桃源是根本不存在的，孩子想象出来的一切会如同泡沫一样消失，根本无法变得真实。作为父母，当看到孩子沉迷于幻想的时候，要以适宜的方式引导孩子回到现实世界，也要让孩子渐渐地学会接受。

当发生严重的打击时，有些孩子因为内心不够强大，还会在强烈地刺激下患上严重的心理疾病，如抑郁症、自闭症等。这都是因为孩子心理承受能力不强，从未接受过任何打击导致的。人体有免疫的能力，先以微小的刺激使免疫能力发生作用，接下来人就可以承受更严峻的考验。对于打击，也是同样的道理。一味地沉浸在虚构的世界里，人是无法生存下去的，只有走出来，直面现状，积极地面对和解决问题，才能让一切

有所好转。父母对孩子的保护一定要适度，这样才能让孩子变得强大。如果父母总是过度保护孩子，使孩子始终在顺境之中成长，则孩子的内心就会孱弱得不堪一击。

父母除了要对孩子言传之外，更要对孩子进行身教。每当遭遇挫折和打击时，父母的态度会对孩子产生很大的影响。父母要积极地面对打击，要振奋精神迎接一切，这样孩子会感受到父母身上的正能量，自己也会精神振奋，无所畏惧。反之，如果父母遇到小小的困难就马上退却，或者在意外的惊吓面前表现出歇斯底里的样子。可想而知，孩子面对这样的父母根本没有安全感，他们内心的恐惧会更加强烈。父母是孩子的照顾者、陪伴者，也是孩子的第一任老师，更是孩子最好的榜样。不管父母希望孩子形成怎样的品质，父母首先要具备这些优秀品质，才能给孩子积极的力量去成长，也给孩子正面的榜样去模仿。孩子是父母的镜子，当看到孩子出现问题的时候，父母先要反省自己，看看自己做得是否到位，才能要求孩子更上层楼。

情商课堂

爸爸妈妈狠一点，孩子就能强一点；爸爸妈妈懒一点，孩子就能勤快一点。作为父母，切勿对孩子的一切事情大包大揽，尤其在孩子面对挫折和打击的时候，父母更不要总是不由分说地为孩子冲锋陷阵解决问题。父母可以为孩子兜底，给孩子底气，却不要剥夺孩子亲身经历事情、亲自处理问题的权利。

在心理学领域有一种治疗内心创伤的方式很残忍，但是效果却十分显著，那就是让受到心理伤害的人直面他们最为恐惧和不愿意面对的人和事情。采用这种方式用来战胜恐惧，也会达到很好的效果。父母在引导孩子面对事实的时候，如果尝试了很多办法都不能奏效，那么不妨试一试这种方法——让孩子直面事实。一旦能够从心理上接受事实，孩子的很多心理问题就会迎刃而解，心结也会被解开，从而更好地处理问题。

从跌倒的地方爬起来，继续前行

秦昊正在读高三，目标是考上北京大学中文系。要知道，在全国范围内，乃至世界范围内，北京大学中文系都是首屈一指的，因而秦昊为自己定下这个目标，也是对自己的挑战。秦昊很喜欢文学，尤其喜欢看小说、散文等文学作品，而且很擅长语文学习。不过，秦昊在其他学科上并不像在语文学科上这样占优势，为了实现目标，他一直很努力地冲刺，希望在高三阶段能够全面提高考试成绩。

经过了艰苦卓绝的努力，秦昊高考的成绩出来了，各科成绩均有所提高，语文更是考出了全县第一名的好成绩。然而，秦昊距离理想的北京大学中文系还相差两分。看着这样的分数，秦昊真是哭笑不得，如果相差太多，他也好死心，不再做北大梦。现在就差两分，说明他还是有能力考上北大的，这样放弃，他实在不甘心。思来想去，秦昊决定不上其他学校，而是复读一年，继续冲刺北大。父母对于秦昊的决定无法理解：复读一年，情势千变万化，为何不选择其他名牌大学就读呢？然而，秦昊有北大情结，而且也不甘心就这样与北大失之交臂，他还很不服输。

复读的一年里，秦昊更加努力，每天除了吃饭睡觉，就是书不离手。又是一年高考季，这次秦昊以超出北大分数线十几分的好成绩，顺利进入北大读书。

如果秦昊放弃，固然可以选择其他的名牌大学就读，但是离北大也许会越来越远。正是因为差距小，让秦昊看到了自己的潜力，也让秦昊相信了自己的实力，尤其是面对这样残酷的玩笑，秦昊不想就此认输，所以他才会选择复读。无疑，这是一条冒险的路，但是却能让秦昊更加接近梦想。

当面对无法逾越的障碍时，我们可以采取绕道而行。例如，有一座山挡住了我们的去路，那么我们可以从山脚下绕过去，也可以翻山越岭而过。最不明智的做法就是望山兴叹，却对山无可奈何。在中国古代，还有一种愚公移山精神，愚公发

第05章　你该勇敢且坚强：跌倒了爬起来就好，失败也没有什么大不了

誓要把这座大山移走，解决全家人和村民们出行难的问题。虽然愚公移山未必是明智的做法，但是愚公移山的精神却是值得我们学习的。这样的迎难而上，这样的坚定不移，这样的不畏惧也不退缩，才能战胜重重困难，从人生的艰难处境中挣脱出去，奔向美好的未来。

作为孩子，在最初面对困难的时候，一定会感到胆怯畏缩，这是因为他们不知道自己是否有能力战胜困难，也缺乏信心和勇气。在这种情况下，父母要慷慨地给孩子鼓劲打气，要以信任孩子的态度，帮助孩子建立自信。哪怕暂时处于困境，也并不代表什么，毕竟困难只是暂时的，方法总比困难多。当然，当孩子表现得更加坚强，父母不要忘记及时地认可和鼓励孩子，这样才能对孩子起到激励的作用，也让孩子在成长的道路上无所畏惧，勇往直前。

记住，任何困难和障碍，不会因为我们逃避和认输就凭空消失。命运也从来不会眷顾孩子，更不会特别善待孩子。在成长的过程中，孩子总是会不断地犯错，也会面对困难和坎坷逆境，与其抱怨和逃避，不如坚定不移朝着困难前行，直到战胜困难，人生就会进入开阔的境地。

情商课堂

父母要教会孩子以正确的态度面对挫折，让孩子把挫折视为人生的常态，也激发自身的潜能去战胜挫折。当然，顽强

的意志力不是与生俱来的，父母要想增强孩子的意志力，就要提供机会给孩子锻炼意志力。例如，可以给孩子设定困难的任务，让孩子去完成；也可以陪伴孩子一起坚持体育运动，用身体上的辛苦和劳累来磨炼孩子的意志力，让孩子更加顽强。很多孩子在做事情的时候，一旦遇到困难就会放弃，实际上真正的成功者未必有着过人的天赋，但是一定有责任心，不管做什么事情都能善始善终。有些人勇敢地迈出了第一步，有了好的开始，却半途而废，与成功失之交臂，就是因为缺乏坚持的精神。古人云，以五十步笑百步，孩子要想有所成就，有所收获，就要排除万难坚持做到最好，笑到最后。

顽强的意志力是战胜困难的保障

进入一年级，辰辰看到班级里有同学会跆拳道，挥舞拳脚的样子虎虎生风，特别威风，也动心了，央求着妈妈也给他报名参加跆拳道班。妈妈告诉辰辰："练习跆拳道是很辛苦的，你如果不能坚持，就会半途而废。"辰辰当即表态："我不怕辛苦！"为了稳妥，妈妈特意带着辰辰去试上了一节跆拳道课程。辰辰还是坚持要学习跆拳道，妈妈也很愿意辰辰能够强身健体，因而给辰辰交了学费。

第05章　你该勇敢且坚强：跌倒了爬起来就好，失败也没有什么大不了

开始正式学习之后，前几节课学习基本动作，辰辰表现很好，也很配合老师。几节课过去，训练的难度和强度都有所提升，辰辰开始喊累。有一次，上课过程中压腿，拉伸韧带，辰辰疼得哭起来。课间休息的时候，辰辰说什么也不想继续练习了，妈妈很无奈，对辰辰说："辰辰，学习跆拳道是你的选择，也是你坚持要学习的。为了让你想清楚，妈妈告诉过你学习跆拳道很累，还带你体验了一节跆拳道课程。在你的坚持下，妈妈为你交了学费，现在才上了几节课，你就开始打退堂鼓，这可怎么办呢？妈妈给你交了好几千块钱的学费，还有几十节课才能上完，你觉得，这样浪费爸爸妈妈辛苦挣的钱，好吗？"辰辰摇摇头，对妈妈说："妈妈，压腿真的很疼，练不好，老师还会说我！"妈妈说："有什么事情是又简单又容易的呢？爸爸妈妈每天上班也很辛苦，工作做不好，还要被老板骂，但是爸爸妈妈不能辞职，因为要挣钱养家，供你读书。有一点小小的困难，要努力战胜，而不要畏缩，否则将来什么事情都做不好，知道吗？"

在妈妈的坚持下，辰辰继续练习跆拳道。后来，他陆陆续续又哭过几次，但是再也没有对妈妈提出要退学的请求。随着坚持练习跆拳道，妈妈发现原本软弱的辰辰变得坚强了，有一次，不小心摔断了胳膊，他也没有哭，而是配合医生打石膏。对于这样的辰辰，妈妈由衷地竖起大拇指，表扬道："辰辰真

的成为男子汉了,让爸爸妈妈刮目相看!"

体力上的坚持,可以磨炼孩子的意志力,让孩子的意志力更加顽强。在上述案例中,辰辰原本很想学习跆拳道,又因为辛苦还很疼,改变了想法,打起了退堂鼓。妈妈没有溺爱辰辰,拒绝了辰辰停止学习跆拳道的请求,而是告诉辰辰一个深刻的道理——要坚持,才能战胜困难。正是在妈妈的鼓励下,辰辰继续学习跆拳道,也在学习的过程中磨炼了心智,增强了意志力,因而把跆拳道学得越来越好,也让自己的内心更加坚强勇敢。

现实生活中,成功者很少,失败者很多,碌碌无为者更多。大多数人会把成功与失败对立起来,实际上,成功者与失败者有一个最大的共同点,那就是他们都敢于尝试。相比之下,那些平庸者被隔离在尝试的阵营之外,他们看起来无功也无过,实际上只是因为他们从来不曾尝试,更没有迈出努力去做的第一步。从这个意义上来说,成功固然好,失败不是最可怕的,最可怕的是那些从来不敢打破现状突破自我的人,他们注定永远在原地踏步,被快速发展的时代远远地甩下。

中国古代,有哲学家奉行中庸之道,不管做什么事情都保持中立。在现代,只是保守发展已经远远不够,对于每个人而言,人生永远没有停滞的状态,而是如同逆水行舟,不进则退。毫无疑问,人的本能是趋利避害,人人都想享受休闲安逸

第 05 章 你该勇敢且坚强：跌倒了爬起来就好，失败也没有什么大不了

的生活，而不愿意辛苦操劳，更不愿意陷入困境。然而，理想总是丰满的，现实总是骨感的，现实不但骨感，还很残酷，尤其是那些从小就一帆风顺的孩子们，一旦走入社会，就会发现困难重重。难道可以逃避吗？还是把所有的难题都交给父母来解决？显而易见，这都不是明智之举。逃避只是一时的，父母也不可能陪伴在我们身边一辈子。当有一天，父母老去，人生进入暮年，作为子女的我们能否为父母支撑起一片天地，回报父母的养育之恩呢？

归根结底，我们要靠自己度过这一生。明智的父母知道孩子的人生会独行，因为他们不会过分溺爱和骄纵孩子，而是及时地对孩子放手，跟随孩子成长的节奏，发展孩子各个方面的能力，让孩子变得更强大、更坚强。没有尝过人生艰难的孩子，就像温室里的花朵一样，总是禁不起任何风吹雨打。只有真正经历过人生风雨的孩子，才像野草一样具有顽强的生命力，能在任何恶劣的环境中坚强地生存下来。让孩子成为野草，还是温室里的花朵，在孩子成长阶段，父母起到很大的作用。

● 情商课堂

顽强的意志力，是孩子坚持学习和进步的保障。做每一件事情都是有难度的，如果稍微遇到困难就马上放弃，则注定一事无成。每当孩子表现出畏难心理时，父母切勿因为心疼孩

子而任由孩子放弃，而是要多多鼓励孩子。当熬过最艰难的时刻，有所收获，相信孩子会为自己的坚持而庆幸，也会为自己的成长而感动。

第06章

你该宽容和友善：
高情商的孩子胸襟宽阔不狭隘，未来必能致高远

> 常言道，心有多大，舞台就有多大。如果孩子心胸狭隘，凡事斤斤计较，则人生只能畏手畏脚，瑟瑟缩缩。明智的父母不但注重对于孩子各方面能力的培养，而且会非常注重对于孩子品质的培养，也会帮助孩子开阔心胸，拓展人生的疆域。

让孩子的心胸更加开阔

在现代社会,大多数家庭里都只有一个孩子,为此孩子养成任性骄纵,非常自我的习惯,从来不为他人考虑,而只顾着满足自己的愿望。因为这样的心理,孩子们还会出现喜欢嫉妒、内向孤僻等性格特点。这都是心胸狭隘惹的祸。如何才能让孩子摒弃狭隘的心理,拥有博大的胸怀,也能与身边的人友好相处呢?父母需要做的事情很多。

在很多家庭里,不管吃什么东西,只要是好东西,父母都会留给孩子吃,而自己尝也不尝。一直到孩子吃饱喝好了,对于某一种食物没有兴趣了,父母才会吃孩子剩下的。看起来,父母很爱孩子,把一切好的都提供给孩子,实际上,这样只会导致孩子变得越来越自私,不管做什么事情心里都只有自己,而丝毫不会考虑他人的需求,更不会主动照顾他人,满足他人的需求。有些父母觉得吃东西只是一件小事情,孩子正在长身体,给孩子多吃些好东西是没错的。其实不然。吃东西虽然事小,但是在吃的过程中,却会表现出一个人的品质:是自私,还是心中有他人。父母要想让孩子不自私,心里有他人,就要从吃东西入手,让孩子学会分享,也乐于分享。

第06章　你该宽容和友善：高情商的孩子胸襟宽阔不狭隘，未来必能致高远

曾经有个妈妈把孩子们教育得非常好，其实并没有什么秘诀，唯一的方法就是在孩子吃东西的时候，和孩子们分享。当然，这样的分享未必是绝对一人一半，父母要想给孩子更多好吃的，可以自己吃一口，然后让孩子吃。当然，这里所谓的吃不是偷吃，也不是强迫孩子必须与父母分享，而是要耐心地与孩子讲道理，让孩子积极主动地分享。日久天长，如果父母始终坚持这么做，一定能够培养孩子的分享精神。

还有的孩子心思狭隘，不但不愿意与人分享，还小肚鸡肠，不愿意原谅他人。孩子们在一起玩耍，共同成长，难免会产生各种矛盾和摩擦。当被别人不小心伤害的时候，心思狭隘的孩子会揪住他人的错误不愿意放手，而心胸开阔的孩子则更加包容，他们能够想象到他人的苦衷，也会理解他人不是故意的，因而原谅他人。可想而知，这样的相处模式让孩子具有同理心，能够设身处地为他人着想，所以人缘也会非常好。

很多父母都觉得孩子还小，听不懂道理，在生活中，总是骄纵和宠爱孩子，而很少给孩子讲道理。其实，这是父母低估了孩子的理解能力，孩子的理解能力还是很强的。只要父母坚持引导孩子，告诉孩子做人做事的道理，也教会孩子如何严于律己、宽以待人，相信孩子会表现得越来越好。有博大的胸怀，除了有助于孩子结交朋友、乐于分享之外，还有助于孩子保持良好的心境。一个斤斤计较的人，常常因为各种琐碎的事

情而生气，不愿意原谅他人，也不愿意放过自己，而一个胸怀博大的人则恰恰相反，他们不会总是生他人的气，而是更愿意原谅他人，与此同时，自己心中也会豁然开朗。总而言之，心有多大，舞台就有多大，胸怀有多大，人生的天地就有多大。父母要培养孩子拥有博大的胸怀，这样孩子在一生之中才能天大地大。

情商课堂

父母的言传不如身教，要想给孩子树立胸怀博大的好榜样，父母就要以身作则，给孩子当好榜样。有些父母本身就是斤斤计较的，没有大格局，对人怀疑、不信任，还常常明哲保身，从来不管他人的死活。受到这样的父母影响，孩子怎么可能热情对待生命呢？父母是孩子的老师，也是孩子的楷模，一定要给孩子正向的力量和积极的影响力，才能教育出心胸豁达的孩子。此外，父母要告诉孩子用长远的目光看待问题，鼓励孩子积极地结交朋友、参与集体活动，也要发展孩子的兴趣爱好，让孩子的生活更加丰富多彩，这样孩子才能以更宽阔的视角看待问题，也才能站在更高的位置指导自己的行动。

谦让，是一种美德

很小的时候，孔融就很有礼貌，而且懂得谦让。有一天，父亲从外面回到家里，带回来一些梨子。梨子洗好之后放在桌子上，父亲喊孩子们来吃梨。孔融第一个来到桌子旁边，看到梨子，他先是拿起一个最大的梨子，正准备吃，突然停下来，把梨子放下。父亲不知道小孔融想做什么，还以为孔融是担心拿起的梨子不够大呢，因而想看看孔融将会找到一个多大的梨子。出乎父亲的预料，这个时候，孔融专门拿起一个最小的梨子，津津有味地吃起来。父亲不解，问孔融："孩子，难道大的梨子不好吃吗？"孔融摇摇头，对父亲说："大的梨子当然很好吃，不过我是个小孩，应该吃小的梨子，要把大的梨子留给哥哥们吃。"听了孔融的话，爸爸忍不住笑起来，说："既然如此，弟弟比你更小，岂不是要吃最小的梨子。你应该把最小的梨子留给弟弟吃啊！"孔融摇摇头，说："弟弟还小，我是哥哥，我要吃最小的梨子，把大的梨子留给弟弟吃。"听了孔融的话，父亲高兴极了。

小小年纪的孔融就知道让梨，既要让着哥哥，又要让着弟弟，所以他宁愿自己吃最小的梨子。谦让，是一种美德。现代社会中，有很多孩子都缺少这种美德，他们不管是有好吃的还是有好玩的，都要先尽着自己享用，而不愿意和他人分享，更别说把好的礼让给他人了。这样的独断霸道,让孩子们很难拥有好人缘,反而会因为与小朋友抢夺东西而交恶。那么,父母如何培养孩子谦让的美德呢?

首先,父母要从自己做起,不要总是把所有好吃的好玩的一股脑地给孩子,当孩子习惯了独霸一切好东西,他们当然不愿意分享。有些东西,父母哪怕只吃一口,也要与孩子分享,不是为了和孩子平分美食,而是为了让孩子形成一种意识,那就是他不能独吞这些美食,不管有什么东西都要与爸爸妈妈分享。毕竟孩子与爸爸妈妈的关系是很亲近的,感情也很深厚。如果孩子都不愿意和爸爸妈妈分享,对其他人会更小气和吝啬。

其次,孩子与小朋友们一起玩耍,难免会产生各种矛盾。这种情况下,父母切勿偏袒孩子,而是要教会孩子谦虚礼让。这样当矛盾发生的时候,如果孩子们都能主动反思自己,而不是一味地指责他人,就能够更好地处理矛盾,解决问题。

最后,父母要有谦让的品质和美德,在家庭生活中、人际相处中,处处谦让他人,给孩子树立好榜样。父母对孩子的影响是非常大的,而且是在潜移默化之中进行的。孩子天生就具有很强的学习能力和模仿能力,他们看似漫不经心,实际上早已把父母的言谈举止看在眼里,记在心上。因而父母的一言一行、一举一动都会对孩子产生作用,父母一定要在孩子面前谨

第06章 你该宽容和友善：高情商的孩子胸襟宽阔不狭隘，未来必能致高远

言慎行，时刻想到自己是孩子的榜样和楷模。

有很多父母总是怕孩子吃亏，面对孩子对小伙伴的慷慨大方，他们常常会告诫孩子："你傻啊，这个玩具很贵的，你就给其他小朋友玩。""你是不是不分好赖，居然选择了一个坏的，把好的留给别人。"父母这样的教育和引导，会让孩子的心思越来越狭隘，也会让孩子只顾着维护自己的利益，满足自己的需求，而置他人于不顾。渐渐地，孩子就会越来越孤独，再也没有朋友，成长也会受到影响。明智的父母知道吃亏是福，也知道宁愿让孩子吃点儿亏，也不要让孩子总想着占便宜。当孩子广结善缘，自然会有很多朋友，也会收获更多的快乐。

● 情商课堂

谦让是一种美德，不是迂腐的不符合现代时尚的传统，而是放在任何时候都让人敬佩的优秀品质。在如今这个讲究个性的时代里，不妨说谦让也是一种个性的表现。当孩子愿意分享，也主动谦让的时候，父母切勿指责孩子，更不要批评孩子，而是应该支持孩子，也引导孩子以谦让的个性铸就自己的精彩人生。

心怀宽广，不要斤斤计较

甲、乙两个朋友结伴去沙漠里旅行，他们迷路了，走了几天几夜都没有走出沙漠，不免心灰意冷，充满绝望，都认为自己马上就要死在沙漠里，再也没有机会走出去。人之将死，心情烦躁，他们以为找到了水源，却发现只是海市蜃楼。筋疲力尽之余，他们争吵起来，甲抬手给了乙一个耳光。乙把这件事情写在沙地上，甲不由得嗤之以鼻。

他们一直没有放弃希望，朝着一个方向走啊走啊，在最后的时刻，来到了海边。他们高兴极了，赶紧跳到海里。这个时候，乙的腿抽筋了，在海水中往下沉，他扑腾着。甲发现了乙的异常情况，当即游到乙的身边，拼尽全力带着乙游到岸边。他们全都筋疲力尽，默不作声地躺在岸边。过了一会儿，乙恢复了体力，他拿出随身携带的小刀，用心地找了一块光滑的石头，然后把这件事情刻在石头上。看着乙的行为，甲感到十分费解："石头那么硬，为何不写在沙上呢？"乙回答："写在沙上的事情很快就会随风散去，刻在石头上的事情才会更加久远地留存。"甲恍然大悟，感慨乙的宽容，也后悔自己曾经冲动地打了乙。

乙胸怀宽广，对于甲打他的事情不想始终记在心里，因而就将其写在沙上，让风吹散。乙心怀感恩，对于甲救他的事

第06章 你该宽容和友善：高情商的孩子胸襟宽阔不狭隘，未来必能致高远

情想牢牢地记住，因而将其刻在石头上，自己也铭刻在心。现实生活中，偏偏有很多人与乙恰恰相反，他们对于别人的帮助很快就会忘记，而对于别人的伤害却总是耿耿于怀，不愿意忘记。不同的举动会有什么结果呢？前者心中淡然，后者始终活在仇恨之中，用仇恨来惩罚自己。正因为如此，才有人说原谅别人就是宽宥自己，而那些始终活在仇恨中的人，则一直不愿意放过自己。

孩子们很容易斤斤计较，父母要做好孩子的引导工作，让孩子站到更高的地方，以更长远的眼光看待问题，也以更包容的心与人相处。宽容不但是一种文明，也是一种博大的胸怀，还是一种气度，更是人生中至高的境界。有的人身居豪宅，心思狭隘，就像背负着壳的蜗牛。有的人脚下无立锥之地，头顶没有片瓦，却能够站在大格局上看问题和处理问题，这就是胸怀的气魄。雨果说，在这个世界上，最宽阔的是海洋，但是比海洋更宽阔的是天空，比天空更宽阔的，只有人的胸怀。把人生限于一隅，还是让人生有高远的天空、辽阔的大海和广博的土地，这是由我们的心决定的。

宽容不是一味地退让和畏缩，也不是怯懦和无可奈何。相反，宽容拥有巨大的力量，可以震撼人心，也可以改变他人。要想培养孩子的胸襟，父母要作为表率，为孩子营造和谐民主的家庭氛围。当孩子与人发生矛盾的时候，父母还要教会孩子

为他人着想,理解他人的苦衷,从而原谅他人。当然,宽容不是没有原则,步步退让。宽容的人也是有原则的,只是他们不会因为一些不值一提的小事情与人斤斤计较。

在一辆公交车上,有个打扮得流里流气的年轻人朝着车厢地板吐了一口痰。售票员看到之后,对年轻人说:"您好,车厢里禁止随地吐痰,谢谢您的配合。"没想到,这句很有礼貌的话非但没有取得提醒的效果,反而使年轻人变本加厉,只见年轻人接二连三又朝着车厢地板吐了好几口痰。这个时候,售票员没有再说什么,而是从口袋里掏出卫生纸,蹲在地上把这些痰都擦干净了。年轻人看着售票员的举动,羞愧得满脸通红,好不容易等到站台,车还没停稳,年轻人就冲下车,对着售票员喊了一声"对不起",头也不回地跑开了。

在这个案例中,如果售票员斤斤计较,揪住年轻人不停地吵闹,说不定还会与年轻人发生肢体冲突,导致事件升级。售票员没有和年轻人计较,而是拿出卫生纸打扫车厢的卫生,只为了给其他乘客良好的乘车环境,也把危机化解于无形。

还记得重庆公交车坠江事件吗?事件的起因很简单,因为公交车改道,女乘客没有听到公交司机的提醒导致错过下车地点,因而与公交车司机发生了争执,还有肢体冲突。不管是女乘客,还是公交车司机,都是心思狭隘、斤斤计较的人,所以导致这起悲剧的发生。如果女乘客意识到是自己没有认

第06章　你该宽容和友善：高情商的孩子胸襟宽阔不狭隘，未来必能致高远

真听广播，或者顶多往回走两站地，而心平气和地下车，那么公交车就不会坠江；如果司机在被女乘客指责的时候，能够意识到自己手中握着全车人的性命，不能和女乘客计较，也不曾伸出手和女乘客对打，而是始终牢牢握住方向盘，那么公交车也不会坠江。如今，惨剧已经发生，不管怎么后悔都无法挽回，活着的人必须深思，才能杜绝同样的事情再次发生。

不管是胸怀还是气度，都不是与生俱来的，而是要在后天成长的过程中渐渐形成的。父母要从小引导孩子以更多的角度思考问题，宽容和谅解他人，也要让孩子知道每个人在一生之中最宝贵的就是生命，而不是所谓的胜负输赢。面对伤害，有些孩子睚眦必报，有些孩子变本加厉，他们身上都有父母的影子。要想息事宁人，不想继续扩大事态，最重要的就是要退一步海阔天空。现实生活中，有很多尖锐的矛盾不断地升级，也有一些恶性的冲突更加恶劣，而实际上最根本的原因是一些微不足道的小事情。人生不易，活着原本就很艰难，既然如此，我们为何还要小肚鸡肠，自己给自己添堵呢？把心放宽，父母和孩子都能拥有豁然开朗的人生！

● 情商课堂

以德报怨，显然是宽容友善的至高境界，意思是说面对他人的伤害，我们要对他人表示友好，甚至还要慷慨地帮助他

人。显然，大多数人都没有达到这个境界，所以世界才会如此纷乱，熙熙攘攘。父母如果能给孩子树立以德报怨的典范，相信孩子即使不能真的做到以德报怨，也会因为受到父母的影响而更加心怀宽容。

心有余而力也足，请慷慨帮助他人

周一上课，同学们惊讶地得知小杰的腿骨折了。原来，周日，小杰和妈妈一起去滑轮滑，摔倒了。四年级才开学十几天，小杰接下来的学习该怎么办呢？据说石膏一直从大脚趾打到大腿根部，小杰根本没有办法来学校上课。

小杰爸爸来到学校，想向老师申请休学，老师觉得很可惜："小杰学习成绩很好，悟性也很高，如果因为骨折就休学一年，耽误一年的时间，那太可惜了。你们能在家里教小杰功课吗？我也会在班级里动员一下，看看有没有同学愿意上门给小杰补课。"回到家里，爸爸把老师的建议告诉妈妈，妈妈说："要是不用休学当然更好。不过毕竟要一个多学期才能恢复一些，所以让同学上门补课估计很难吧。"爸爸说："我们也克服困难，尽量教小杰。然后，看看老师怎么安排。"

老师在班级里说了小杰的腿严重骨折的事情，并且告诉同学们小杰面临的困难，还发出号召让同学们组成互助小组，轮流给小杰补课。同学们一听说要给小杰补课一年的时候，都有些犹豫。这个时候，小杰的同桌舟舟站起来说："老师，我愿意去给小杰补课。"老师问舟舟："小杰需要休养一年，你能坚持吗？"舟舟说："能！"老师当即让同学们为舟舟鼓掌，在舟舟的带动下，又有几个同学也提出在固定的时间给小杰补课。不过，在一年的时间里，始终坚持的只有舟舟。每天放学，舟舟都会绕道去小杰家里，把当天的新内容讲给小杰听。一个学期过去，舟舟的学习成绩有了很大的进步，原来他每天教小杰，都相当于及时复习和巩固，而且有的时候，他还会针对学习上的难点和小杰进行讨论呢！就这样，小杰和舟舟成了好朋友，新学期开学之后，小杰特意请求老师允许他继续和舟舟同桌呢！

古代的圣人说，己所不欲，勿施于人。实际上，这句话反过来也同样成立，那就是己所欲，施于人。案例中，舟舟在老师的号召下主动帮助小杰，不但助人为乐，而且自己的学习也水涨船高。所谓赠人玫瑰，手有余香，就是如此吧。

心理学家皮亚杰专门进行过研究，发现所谓道德，只存在于至少有两个人的关系中。由此可以看出，父母要想培养孩子的道德品质，就要激励孩子与人交往，这样孩子才能在人际交往中萌发道德意识。实际上，父母在教会孩子如何对待他人的时候，就是在对孩子进行道德教育了。道德教育对于孩子的成长非常重要，甚至会影响孩子的一生。

要想让孩子关爱他人，心有博爱，父母就要教育孩子心怀感恩，关爱身边的亲人。新生儿从呱呱坠地开始，就要依靠父母的照顾才能更好地生存，为此他们与父母的关系是非常亲近的，感情也特别深厚。如果孩子对于父母的养育之恩尚且不能回报，也从来不会主动地关心父母，那么他们如何能够与周围的人相处好，也与外部的世界相处好呢？父母先不要急着要求孩子对世界充满善意，而是应该先引导孩子感恩父母，关爱父母。

要想让孩子关爱他人，父母还要让孩子多多关注弱者和那些需要帮助的人。人的本能是趋利避害，所以很多人都会情不自禁地鄙视那些不如自己的人，也会对于弱小者不屑一顾。反之，他们会崇拜那些充满力量的人。这种情况下，如何激发孩子心中的善良，而不要让孩子欺负弱小，就成为父母的当务之急。当孩子心中有正义，也能够善待他人，他们就会拥有幸福的人生。

父母在对孩子开展教育的时候，要从正面引导孩子。孩子原本涉世不深，缺乏人生经验，为此判断能力还没有得到提升。这种情况下，父母要尽量消除外部环境中的负面影响，而给予孩子正力量。在和孩子沟通的时候，父母要以积极的语言，说孩子乐于接受的话，而不要总是否定和批评孩子。对孩子的教育要具体生动，切勿空虚乏味，否则就会让孩子心生厌烦，对于父母所说的话根本不当回事。显而易见，这是父母不想看到的。

日常生活中，总有些父母喜欢就地取材教育孩子。例如，看到街头上乞讨的人，告诉孩子不要上当受骗，看到在工地干活的民工，就提醒孩子要好好学习，否则以后也和民工一样，必须辛苦地出力，才能挣钱养活自己。这样的教育是现实主义的，的确能够让孩子快速地承受，善于辨别社会中的各种现象，但是却无形中伤害了孩子的同情心，让孩子对所有人都抱有怀疑和鄙视的态度，变得越来越冷漠。请问家长：是孩子施舍出去的那些钱更重要，还是孩子的心理健康更重要呢？父母一则要让孩子主动帮助他人，二则要引导孩子努力学习，用知识改变命运。每一个孩子都应该怀着赤诚之心关心他人，这不仅是对他人的尊重，也是对自己负责任的态度，还是友好和热情的表现。

● 情商课堂

对于孩子而言，没有什么比拥有一颗真诚友善的心更重要的了。每个人在生命的历程中都会经历各种各样的事情，难免会需要帮助。如果想要得到别人的帮助，我们就要先慷慨地帮助他人。也许接受帮助的人不会给我们回报，但是赠人玫瑰，手有余香，我们在付出的同时会感受到快乐，也会收获内心的充实和宁静。

树立远大志向，指引人生前行

克林顿的童年非常悲惨，他是遗腹子，在他出生前四个月，父亲就因为车祸去世了。母亲一个人无法抚养克林顿长大，就把克林顿托付给父母。因而，在七岁之前，克林顿和舅舅、外公接触的时间，比和母亲接触的时间更长。受到舅舅和外公的影响，他为人坚毅隐忍，而且具有强烈的男子汉气概。到了七岁，克林顿跟着母亲与继父一起生活，他目睹母亲被继父打骂，这让克林顿感到非常痛苦。也因为寄人篱下的生活，克林顿小小年纪就知道生活的艰难，总是尽量表现更好一些，以赢得继父的欢心。

在中学阶段，克林顿就是学校里的活跃分子，他很积极地参与学校里开展的活动，因为表现出色，还得到机会去华盛顿参观白宫，也见到了肯尼迪总统。正是这次参观，成为克林顿人生的转折点，他树立了远大的志向，要成为和肯尼迪一样伟大的人物。此后的三十年间，克林顿一直在为实现自己的人生目标而不懈努力，最终入驻白宫，成为美国总统。

第06章　你该宽容和友善：高情商的孩子胸襟宽阔不狭隘，未来必能致高远

人生如果没有目标和方向，就像在漫无边际的大海上一样四处漂浮，不知所踪。船只在大海上航行，最重要的就是把握方向，才能最终到达目的地。有过航海经验的人都知道，指南针和罗盘是很重要的，岸边的灯塔也不可缺少。如果说克林顿此前的人生一直处于漫无目的的状态，那么在参观完白宫，也见到肯尼迪总统之后，他的人生之迷雾就被拨开，他的内心对于自己所去所从，有了清醒的认知。在远大志向的指引下，克林顿更加努力，因为他知道自己要去向哪里。

遗憾的是，现实之中，有很多孩子都缺乏理想的指引。小时候，他们懵懵懂懂不知道理想为何物，长大之后，他们浑浑噩噩，不知道应该奔向何处。看到孩子这样，父母一定要及时地引导孩子树立理想，这样孩子才能在人生之中有更好的表现，也能激发自身的潜能不遗余力地奋勇向前。千万不要等到已经白发苍苍，才想起自己还从来没有一本正经的理想，那就太可悲了。在这个世界上，时间是唯一对每个人都很公平的东西，时间嘀嘀嗒嗒一刻也不停地向前走，一去不返。要想活出精彩的人生，我们必须把握时间，珍惜时间，这样才能在有限的生命中做无限伟大的事情，也才能让生命创造奇迹，呈现精彩。

俗话说，磨刀不误砍柴工，与其盲目地努力，白白浪费宝贵的时间和生命，不如先确定目标，树立远大志向，再朝着目

标奋进。这样的努力更有效率，也能够推动我们朝着理想之地不断地前进。孩子要有理想，才能激发出自身学习的热情，也才能让自己斗志昂扬，过好生命中的每一天。成人要有理想，才能不浪费时间，抓住宝贵的时光缔造生命。每个人都需要有远大的志向，在人生之中才会有方向，也才能得到方向的指引，加速前进。

当然，未必每个人都想出人头地，获得万众瞩目的成功。有些人就希望一生之中岁月静好，凡事都能水到渠成。他们自诩为与世无争，却不知道这样的人生目标就是他们的选择，也是他们的心之所向。一个人，不管想以怎样的方式度过一生，都是在进行选择，也都是在给自己的人生一个交代。孩子们当然有权利决定自己的人生，父母不要强求孩子一定要完成父母没有实现的志向，也不要对孩子认为好的人生指手画脚。最重要的是，孩子应该清楚地知道自己想要什么，要问清楚自己的心，才能明确人生的方向。每个孩子的潜能都是无限的，当孩子的志向非常远大，让父母都忍不住要怀疑这个志向能否实现时，很多父母都会否定或者质疑孩子，这样的态度也是要不得的。孩子的人生之路还有很长，只要他们能够全力以赴奔向远方，父母又如何能够限制孩子的成长呢？明智的父母会默默地支持孩子，成为孩子的坚强后盾，也给予孩子极大的自由去设计和规划自己的人生，给予孩子极大的助力去帮助孩子梦想成真。

● 情商课堂

　　每个人都要有志向，才能为人生确定方向，也才能在方向的指引下朝着理想之地不断地前行。作为父母，切勿否定孩子的能力，更不要质疑孩子是否能够实现志向。只要父母支持孩子，相信孩子能够成功，那么孩子就会充满信心和力量，也会全力以赴行走人生的旅程。

第 07 章

你该自信和自强：
让孩子保持好心态，高情商离不开稳定的心理素质

要想提升孩子的情商，就要让孩子保持良好的心态，既不因为一时的成功而自高自大，也不因为一时的失败而自暴自弃。每个孩子在成长的过程中都会遇到坎坷和挫折，如果因为外界的风吹草动内心马上汹涌澎湃，孩子是很难有良好发展的。作为父母，一定要多多激励孩子，让孩子独立自强，从容自信，从而提升孩子的心理素质，让孩子能够镇定自若地应付很多情况，也处理好那些棘手的问题。

成功者都是饱经磨砺的

古人云："天将降大任于斯人也，必先苦其心志，劳其筋骨，饿其体肤……"这句话告诉我们，一个人要想有所成就，不可能一蹴而就获得成功，而必须饱经磨难，在生命的历程中踽踽前行，始终以坚强的毅力面对，始终以绝不屈服的意志力与人生较量，最终获得想要的成就，也让人生拥有新的高度。

成功者与失败者有何区别？对此，每个人都有不同的回答。有人觉得成功者运气好，失败者运气差；有人觉得成功者得到了贵人相助，而失败者没有好人缘，得不到任何帮助；有人觉得成功者有天赋，而失败者一无是处……这些都可以成为成功与失败的原因，然而，成功者与失败者之间最本质的区别却不在于与此。还有人说，失败者太过胆小怯懦，从来不敢开始，而成功者却总是一往无前，勇敢地尝试。能否迈出第一步固然很重要，更重要的在于，否是能够战胜重重困难坚持下去。有很多人开始的时候豪情万丈，结束的时候灰头土脸，因为他们并没有坚持到最后，就成了不折不扣的逃兵。从这个意义上而言，成功者与失败者最大的不同，在于他们对待失败的态度。

第07章　你该自信和自强：让孩子保持好心态，高情商离不开稳定的心理素质

面对失败，成功者从不放弃，而是继续尝试，一直到得到自己想要的结果为止。相比之下，失败者就像一个泄了气的皮球一样，马上信心全无，恨不得立刻回到原点，再也不愿意开始。肯德基爷爷为了推销炸鸡配方，尝试了无数次；史泰龙为了圆自己的演员梦，先是在好莱坞打杂，后来又自己创作剧本，四处推销，在被拒绝了三千多次后才获得成功……"没有人能随随便便成功"，这是一句歌词，也是一句真理。如果没有一次又一次的坚持，而是在第一次失败之后就选择放弃，那么成功者永远不可能获得成功。

每一个成功者在人前有着闪耀的光环，在人后却饱尝辛苦，饱经磨难。也许只有他们自己知道，能够取得今天的成就，他们付出了多少，又坚持了多久。如今，很多孩子都缺乏这样的精神，他们从小就顺遂如意，从未经受过任何打击，等到长大了，开始想要做成一些事情，一旦遇到障碍或者难题，他们马上缴械投降，逃之夭夭。然而，这个世界上有不费吹灰之力就能做成的事情吗？如果没有，总是这样逃避，只会距离梦想的成功越来越远。

如今，很多父母都注重培养孩子各个方面的能力，给孩子报名参加各种各样的兴趣班，然而，他们忽略了一件最重要的事情，那就是培养孩子的心理承受能力。近些年来，发生了好几起大学生、研究生即将毕业却自杀的事件，让人在扼腕的

同时也忍不住叹息：这些孩子怎么了，为何这么害怕走上社会呢？其实，他们不是害怕社会，他们是害怕竞争，是害怕自己不能适应社会的要求，谋求更好的生存和发展。一直以来，他们就像温室里的花朵一样，风吹不到，雨淋不到。但是，他们能一辈子生活在温室里吗？社会中的那些人，也会和父母一样对他们各种照顾和呵护吗？当然不可能。

明智的父母会从小培养孩子的心理承受能力，让孩子既能在阳光中舞蹈，也能在风雨中跳跃。孩子要知道，挫折和磨难是人生的常态，失败的次数也总是比成功的次数更多。只有经历失败的洗礼，从失败中汲取经验，吸取教训，才能踩着失败的阶梯不断地攀升，更上一层楼。当然，父母要接受孩子的失败，也要做孩子的好榜样，传递给孩子正能量。具体而言，父母要做到以下几点。

首先，父母要以亲身的经历教育孩子直面挫折，充满信心。孩子最信任和依赖的人就是父母，在幼年阶段，父母就是孩子心目中的权威者。如果讲故事不能对教育孩子起到良好作用，那么父母就要现身说法，以亲身经历，给孩子最大的鼓舞和激励。当然，激励孩子并不是都要说正面的事例，当孩子因为失败而沮丧的时候，父母不妨也说说自己的糗事，说不定还能逗得孩子哈哈大笑，也因为见证了父母今日的成功而信心大振呢！

其次，父母要维护孩子的自尊，激发孩子的自信。曾经有一位名人说，每个人在这个世界上最大的敌人就是自己。的确如此，一个人无法把自己举起来，也很难战胜自己，这与"不识庐山真面目，只缘身在此山中"是有关系的。那么，父母要看到孩子的优点，也要引导孩子发现自身的优势。有些孩子非常自卑，他们总是拿自己的缺点和他人的优点相比较，却没有意识到这样的比较是不公平的。孩子既要知道自己的短处，也要知道自己的长处，这样才能扬长避短、取长补短，从而有更好的发展。父母如果能给孩子打气，就会帮助孩子提振信心，让孩子激发潜能，拼尽全力去做到最好。

最后，父母说得再多，也不如孩子亲自去实践效果更好。父母与其一直对孩子说教，还不如放手让孩子亲自去做。相信孩子在做过更多的事情之后，一定会有所感悟。俗话说不撞南墙不回头，对于孩子而言，父母很有必要让他们撞一撞南墙，主动回头，也有可能是继续一往无前。要想培养出坚强独立自信的孩子，父母还要给孩子更多的空间自由地决策，也给孩子更多的权利去进行选择。孩子总有一天要长大，不可能始终在父母的庇护下生活，父母要有远见，及时对孩子放手，也让孩子自由地成长。

总之，孩子不可能不犯错误长大，也不可能始终与挫折擦肩而过。当孩子需要的时候，父母要坚定不移支持孩子，当孩子不需要的时候，父母就要退居幕后，成为孩子的后盾。明智的父母会成为孩子人生的导师，也会带领孩子走向更加辉煌的人生。

● 情商课堂

人非圣贤，孰能无过，既然人人都有可能犯错，孩子当然也不例外。面对错误，关键在于能否以强大的内心反省错误，积极地改正错误，也有效地弥补错误。只要对待失败的方式得当，失败就能成为孩子进步的阶梯，如果对待失败的方式不正确，失败就会给孩子更加沉重和致命的打击。

以不变应万变，才能静观其变

通过前面的内容，相信很多父母都会恍然大悟：原来，决定孩子最终能否获得成功的关键在于孩子们的心理承受能力是否强大。那么，就赶快行动起来，培养孩子的心理承受能力吧！爸爸妈妈们，你们固然望子成龙、望女成凤，却不要过于急功近利啊！培养孩子的心理承受能力不是一件简单容易的事情，尤其是孩子的情绪冲动易变，而父母对于不断成长的孩子微妙的心理变化往往表现出一副丈二和尚摸不着头脑的样子，心想，这可怎么办呢？特别是当孩子遇到为难的事情，或者遭

第07章　你该自信和自强：让孩子保持好心态，高情商离不开稳定的心理素质

遇困境的时候，父母常常觉得自己在一旁根本使不上劲儿。面对这样的局面，父母未免心急如焚，但却要控制住自己，采取适宜的方法对待孩子。

可以想象，在漫长的人生中，孩子还会遇到各种难题，遭遇各种困境。父母如果总是冲锋陷阵代替孩子解决问题，渐渐地，孩子就会形成惰性，根本不愿意再去努力解决问题。明智的父母深知"授人以鱼不如授人以渔"的道理，他们宁愿花费更多的时间去陪伴孩子，花费更多的心思去引导孩子，也不会不由分说代替孩子解决问题。父母即使再爱孩子，也不可能始终陪伴在孩子的身边全权代劳孩子，与其等到有朝一日父母老了孩子手足无措，不如从现在开始就培养孩子的独立能力，让孩子获得点点滴滴的进步。古人云，不积跬步，无以至千里，不积小流，无以成江海。对于孩子而言，成长也是一个循序渐进的过程，急不来，只能耐心一步一步地走过。

面对人生之中突然发生的一些事情，孩子们稚嫩的心灵缺乏承受能力，往往会感到紧张焦虑，也不知道如何去做才能有更好的结果。这样的不安感觉让孩子们坐如针毡，很难静下心来去思考应对的方案。如果孩子的心理承受能力更强，那么在面对随时都有可能改变的境遇时，他们就不会这么彷徨，而是会采取以不变应万变的态度，超然以对，反而能够发挥出正常水平甚至超常水平。还记得武林高手的最高武功是什么吗？

在金庸大侠笔下，往往是那一招看似拙朴实际上很有力量的招式。如果把孩子也修炼成武林高手，让孩子能够以超强的心理素质从容应对各种情况，那么父母的教育无疑是非常成功的。

为了证明心理承受能力对孩子们的行为影响，美国心理学家弗洛姆曾经做过一个实验。他把孩子们带到一个伸手不见五指的房间里，让孩子们跟在他的身后横穿房间。孩子们丝毫没有意识到危险的存在，又因为有老师的带领，所以他们迅速且快速地通行。等到最后一个孩子穿过房间，教授打开房间里昏暗的灯，这个时候，学生们已经适应黑暗的眼睛无法适应光线，很努力地看向地面，才发现地面的网格下有一个深深的水池，里面居然是很多毒蛇，还有好几条鳄鱼。大家全都紧贴着墙壁站着，浑身冒着冷汗，意识到自己刚刚死里逃生。正在此时，教授问大家："谁愿意再走一次？"没有人回答。教授接连又问了两遍，才有一个学生有些迟疑地站出来，说："我试试吧！"这个学生颤颤巍巍地走上独木桥，仿佛在他脚底下就是万丈深渊。这个学生用了很长时间才穿过房间。在他后面，又有一个学生也想尝试，但是他才走了几步，就忍不住退回来，再也不敢前行。看着学生们的表现，教授感到很有意思。这个时候，他打开房间里的几盏大灯，转瞬之间，房间里亮如白昼。这个时候，同学们才发现在网格下面，还有一层很结实的防护网。换言之，就算从独木桥上跌落下去，也不会被鳄鱼

第07章　你该自信和自强：让孩子保持好心态，高情商离不开稳定的心理素质

和毒蛇咬到。教授又问大家谁还愿意再走一次，大多数同学都跃跃欲试，而且很快通过了独木桥。

通过这个实验，弗洛姆得出结论，独木桥的通行难度从来没有改变。第一次，在黑暗之中走过独木桥，孩子们不知道桥下有危险，因而走得很安心，也很顺利。第二次，屋子里有了昏暗的灯光，孩子们发现桥下有鳄鱼和毒蛇，只有一两个学生还敢通过独木桥，但是却胆战心惊。第三次，教授打开了屋子里的几盏大灯，孩子们看到网格下还有坚固的保护网，知道鳄鱼和毒蛇都不会对自己的安全造成威胁，为此在走过独木桥的时候又恢复了超然的态度，丝毫不把危险放在心上。换一个角度来看，如果孩子的心理素质很强，那么他们就会知道自己可以安全通过独木桥，也就不会因为桥下的危险而畏缩不前。

面对同样的事情，因为心境不同，人们所采取的措施不同，因而结果也会完全不同。作为父母，要想让孩子有稳定的表现，减少外界的因素对孩子产生的干扰和影响，那么在日常生活中，就要有意识地抓住点点滴滴的机会，努力培养孩子的好心态。心理学家认为，越是在孩子遭遇挫折的时候，父母越要抓住机会培养孩子的坚强自信，让孩子更加独立勇敢。

具体来说，当孩子面对挫折，父母要做到以下几点。

首先，要知道孩子受到挫折和打击的原因。所谓解铃还须系铃人，如果父母搞不清楚情况，就对孩子进行安慰和劝说，

则效果往往很差。只有找到真正的原因，有效地帮助孩子一起解决问题，孩子才能在战胜困难的过程中形成自信。

其次，当孩子的情绪特别消沉的时候，父母可以采取转移注意力的方式，帮助孩子暂时地调整心情。在遇到困难的时候，别说是孩子，就算是成人也忍不住想要逃避。因而看到孩子的畏缩和胆怯，父母不要指责孩子，而是要多多鼓励和支持孩子，帮助孩子建立自信，走出失败的阴影。

再次，要让孩子认识到挫折存在的意义，发现挫折对于人生的积极作用。这样孩子才能直面挫折，也才能以积极的态度战胜挫折。有些父母本身就不能接受挫折，一旦遇到小小的困难就会大呼小叫地抱怨，或者当着孩子的面放弃，这对于孩子的影响是很大的，也会使孩子感到颓废沮丧。

最后，父母要培养孩子的优秀品质。如果孩子坚毅、勇敢，自然在面对挫折时就能挺直脊梁，一往无前。反之，如果孩子缺乏责任心，总是逃避和推卸责任，那么虽然挫折并不严重，孩子也是找借口逃避，长此以往，孩子如何肩负起责任呢？良好的心态对于孩子战胜挫折至关重要，父母要以好心态来影响孩子，也以积极的应对措施为孩子树立榜样，这样才能对孩子言传身教，让孩子获得进步，茁壮成长。

● 情商课堂

有挫折才有成长，有失败才能获得成功。父母要始终陪伴在孩子身边，和孩子一起面对困难，战胜挫折，也要以身示范，教会孩子要不遗余力地努力，要坚持不懈地做到最后，从而无怨无悔地接受一切的结果。记住，在孩子遭遇挫折的时候，切勿打击孩子，因为此时此刻孩子最需要父母的支持和鼓励，也最需要父母的帮助。父母既要当好孩子的导师，也要做好孩子的后盾。

让孩子独立自强的秘诀

乐乐才读小学四年级，就独立上学和放学了。一个学期后，他的家搬到了距离学校更远的地方，乘坐公共交通工具需要一个半小时。工作日，爸爸开车接送乐乐上学和放学，到了周五放学早，乐乐就会独自乘坐公交车倒地铁，再换乘公交车回家。班级里其他同学的家长得知乐乐这么独立，都很羡慕，纷纷向乐乐妈妈请教如何培养孩子的自立能力。

对此，乐乐妈妈颇有感触。实际上，乐乐最初要求独自回家的时候，妈妈也很不放心，毕竟路程比较远，而且社会环境也很复杂。有一次，爸爸原本说可以按时接乐乐放学，后来临时有事赶不及去学校。妈妈呢，正在家里招待客人，因而在和乐乐通电话的时候，只好同意乐乐独自回家。这是乐乐第一次单独行动，妈妈很担心，从接到电话得知乐乐已经从学校出发，她就心神不宁，时不时地看看时间。大概一个半小时，乐乐还没有到家，妈妈心急如焚，忍不住给爸爸打电话，爸爸的一番话让妈妈吃了定心丸："放心吧，他可以自己走的。之前和我一起去新街口，我们为了验证哪一条线路回家更快，就曾分头行动，让他独立回家。"妈妈此前从来不知道乐乐单独回家过，这会儿也顾不上抱怨爸爸，反而觉得踏实一些：原来不是第一次啊！又过去大概十分钟，乐乐回到家里，妈妈悬着的心才放下。有了这一次经历后，乐乐再提出独自回家，妈妈就容易接受了。所谓熟能生巧，半年之后，乐乐把地铁和公交线路都坐得很熟了，反而是偶尔妈妈需要乘坐地铁出行的时候，乐乐对妈妈千叮咛万嘱咐，生怕妈妈坐错方向或者坐过站。

孩子为何不自立，也总是缺乏信心，最根本的原因就在于父母不能及时对孩子放手，这直接导致孩子的能力没有得到发展，有些能力反而因为父母管教过于严格而出现发展停滞或者退步的情况。父母要想培养孩子独立自强的能力，首先要战胜自己的心理难关，要相信孩子再也不是襁褓中的婴儿，而是随着不断地成长具备了一些能力，可以做到简单的自理和自立。偏偏有很多父母都落后于孩子的成长，在他们心中，孩子永远是襁褓中的婴儿，需要父母无微不至的照顾，永远不知道世事险恶的孩子只能留在他们的身边。实际上，在父母不知不觉

第07章 你该自信和自强：让孩子保持好心态，高情商离不开稳定的心理素质

之间，孩子已经长大了。他们各方面的能力也与日俱增，父母要做的不是打着爱的旗号限制孩子的自由行动，而是要做好孩子的安全教育，让孩子形成安全意识，从而更好地保护孩子。保护孩子的正确方式从来不是把孩子拴在身边，也不是每时每刻都看护着孩子，而是要教会孩子自我保护，也让孩子接受适度的历练。否则，即使父母把孩子看守到二十岁，孩子因为缺乏社会经验，等到有朝一日走上社会，依然会被欺骗或者被伤害。作为父母，不要当鸵鸟把头埋藏在沙土中，而是要有远见，要学会放手，这样才能引导孩子不断地成长，也完善孩子各个方面的心智发展。

有的时候，父母的思维也会影响孩子，使孩子的发散性思维受到局限，天马行空的想象也无从发挥。父母在引导和教育孩子的时候，一定要跳出固有思维，给孩子更多的指引和帮助。有些父母对于孩子的成长过于急躁，往往带着急功近利的态度，一旦看到孩子受到挫折，他们甚至比孩子更加着急，也会责怪孩子为何不能好好表现。这些父母一定没有发现，孩子们在受到挫败之后，会第一时间用眼神寻找父母，他们不是想被父母批评，而是想要从父母那里得到安慰和支持。父母既要鼓励孩子，也要避免代替孩子解决问题，而是要引导孩子独立思考，找到好方法。这样一来，孩子在下一次受到挫败的时候，才能更加独立，而不会第一时间就寻求父母的帮助。仅仅

以完成家庭作业为例，在很多家庭里，完成作业不是孩子的事情，而是父母的事情，父母总是不能摆正自己的位置，三下五除二就代替孩子解答题目，使孩子下次遇到同样的题目时依然是"题目认识孩子，孩子不认识题目"。显然，这种方式是害了孩子，而不是真的帮助孩子。

在日常生活中，孩子是很喜欢向父母提问的。在与孩子沟通的过程中，明智的父母并不满足于告诉孩子答案，也不满足于从孩子那里得到答案。他们在告诉孩子答案时，会引导孩子思考，也会举一反三地确定孩子是否真的理解了其中的道理。他们从孩子那里得到答案之后，还会询问孩子是如何得到解答的，也会质疑孩子答案中的不足之处或者明显漏洞。当父母们有意识地做到这些，他们与孩子之间的沟通就会更加深入，这对于孩子加深思考是很有好处的。

人人都有梦想，在通往梦想的道路上，每个人都不知道自己将会遇到怎样的情况。孩子也是如此，他们也许会把现实想象得非常美好，却不知道现实是残酷的，需要他们独立去面对。父母可以未雨绸缪，把很多教育工作做在前面，在潜移默化中引导孩子成长和进步，相信最终孩子一定不会让父母失望的。

情商课堂

种植在花盆里的树苗是长不大的，只有扎根于广袤无垠的土地，树苗才能成长为参天大树。每一个父母都希望孩子能够成为栋梁之材，那么就要给孩子自由的土壤，让孩子汲取丰富的营养，快快长大。

有责任心的孩子，承受能力更强

　　以前，舟舟很懒惰，每当轮到他值日的时候，他总是糊弄了事，甚至对于自己分内的区域，他也采取蒙混过关的态度。老师经常批评舟舟劳动不认真，但是效果并不好，舟舟依然如故，并没有明显改变。新学期开始了，趁着班委换届选举，老师提议让舟舟当劳动委员。对于老师的提议，同学们都哈哈大笑起来，而舟舟呢，有些不好意思，因为他很清楚自己是如何偷懒的。不过，老师态度很坚决，在老师的大力支持下，舟舟真的成为新一届劳动委员。

　　周五，是班级里例行大扫除的日子。舟舟一个中午都在给同学们安排大扫除的任务，作为劳动委员，他还把最脏最累的活儿都留给了自己。傍晚，放学铃声响起，同学们都开始干活，与此同时，大家也都把眼睛盯着舟舟，不知道舟舟将会如何表现。让同学们感到非常惊讶的是，舟舟一改往日里懒惰闲散的模样，就像变了个人似的，脏活累活抢着干，在安排同学们任务的时候底气十足，声若洪钟。虽然舟舟在人员调度方面还有欠缺，但是他一个人顶得上三个，带领同学们把教室打扫得很干净。大扫除即将结束，老师来到教室，看着窗明几净的教室，当即表扬舟舟："事实证明，舟舟同学是可以胜任劳动委员的职务的，经过这次试用，我宣布舟舟同学转正，成为正牌劳动委员。希望在未来的日子里，舟舟同学能够一如既往，就像今天一样带领同学们把班级卫生搞好，为班级争取到卫生流动红旗。"有了老师的表扬，舟舟更加干劲十足，哪怕是平时，也总是主动监督值日生打扫卫生，还会给值日生帮忙呢！

舟舟为何会有这么大的改变呢？并不是因为他真的换了一个人，而是因为他的肩膀上从无官一身轻，到肩负着责任。正是因为责任心的驱使，让舟舟能够承受打扫卫生的辛苦，对于往日里躲着不愿意干的活儿，他干了，还不觉得满足，还要干更多的活儿。这就是责任心的神奇力量，也是承担责任的人独有的魅力。

从心理学的角度来说，责任感和心理承受力关系密切。当一个人认识到自己肩负着沉甸甸的责任时，也产生了使命感，那么他承受能力就会大大增强。抗日战争时期，那些伟大的革命先烈，为了革命事业而奉献出生命，并不是他们不怕疼不怕死，也不是他们不珍惜生命，而是因为他们知道责任是比生命更重要的。还有很多科学家数十年如一日进行科学研究,并没有显著的成果,从事着枯燥的实验,但是他们却始终都能坚持下去,这也是因为他们以造福人类为己任。

孩子的责任心是很差的,这是因为孩子在成长的过程中,一直都在接受父母的照顾和帮助,而很少为父母或者其他亲人做什么。渐渐地,他们就习惯了接受,而忘记了感恩和给予。作为父母,当然不想看到这样的情况,那么就要从小培养孩子的责任心。当孩子具有责任心,面对挫折的时候,就能够鼓起勇气去承受。尤其是当孩子意识到他们的行为表现不仅关系到自己,还关系到身边其他人时,他们就会具有神圣的使命感,也愿意为了每个人共同的幸福而不懈地努力。

有责任心的孩子往往有热情,他们在做一些事情的时候,会全身心地投入其中,而不会消极倦怠,只想逃避。大文豪托尔斯泰也曾经说过,"责任心是热情的基础,一个人只有满怀热情去做事情,才能有所成就"。具体来说,父母要从三个方面培养孩子的责任心:让孩子对自己负责;要对他人负责;要对他人、集体和社会负责。当然,孩子还小,还没有办法认识自己的社会价值,孩子最先要做到的就是对自己负责。因为年龄小,涉世不深,很多孩子在做事情的时候总是不顾后果,只凭着好奇心或者热情就投入其中,丝毫没有考虑到自己将会承担怎样的责任。所谓初生牛犊不怕虎,说的就是这个道理。

父母要培养孩子的责任心，让孩子在决定做某些事情的时候，考虑到自己的行为是否会给自己带来伤害，是否会给他人添麻烦。有了这样的意识，孩子在做事情的时候就会有所收敛，而不会恣意妄为。从某种意义上来说，孩子对自己负责，也是对父母负责，因为孩子照顾好自己就会少给父母添麻烦。

有的时候，父母会发现孩子的责任心崭露头角，在心中窃喜的同时，不要忘记对孩子表示认可。父母的认可，会让孩子热情高涨，也会让孩子有更好的表现。细心的父母会发现，很多孩子的责任心只是一时的，只能维持很短的时间，也许转眼之间就会忘记。当然，孩子正处于快速成长的过程中，各个方面的情况并没有那么稳定，父母一定要对孩子有耐心，采取暗示或者激励的方式，提升孩子的责任心。需要注意的是，在培养孩子责任心的过程中，对于孩子缺乏责任心的表现，父母要避免严厉训斥孩子。尤其是年纪稍大一些的孩子，已经学会记仇，不再像小时候那样擦干眼泪就和父母还是好朋友。父母教育孩子要讲究方式方法，而不要非但没能教育孩子，反而与孩子之间有了隔阂，那就得不偿失了。

有些父母为了安慰孩子，总是代替孩子推卸责任。这么做也许能让孩子暂时停止哭泣，但是对于解决问题并没有好处。举个简单的例子，孩子在快速地奔跑，不小心被地上的小石块绊倒，摔了一跤，当即疼得哭起来。这个时候，如果父母不由

第07章 你该自信和自强：让孩子保持好心态，高情商离不开稳定的心理素质

分说就"训斥"道路，说"这个路是怎么回事，居然把我们宝宝绊倒了，真是该好好修修了"。听到父母的话，孩子还会反思自己的错误吗？他不会觉得自己是因为跑得太快才摔跤，而是觉得都是因为道路不平自己才摔跤。难道父母能为孩子把天下所有的道路都铺平吗？即便可以做到，孩子如果跑得太快，依然会摔跤。明智的父母知道孩子很疼，会安抚孩子"妈妈知道你一定很疼，但是已经摔破了，我们去诊所涂抹消毒水，之后就好了"。很多孩子都怕看到血，妈妈这么说，会安抚孩子的情绪。接下来，妈妈要做的就是分析孩子摔倒的原因："宝贝为什么会摔倒呢？都是因为跑得太快了，没看到地上的石头。如果跑得慢一些，提前看到石头躲过去，就不会摔倒了，对不对？"这样沟通之后，孩子意识到摔倒是奔跑太快导致的，他下次跑的时候就会留意地面的情况，从而有效地避免再次摔倒。

父母教育孩子，眼光一定要放长远，切勿为了眼前能让孩子快乐，就不顾教育的原则。在生活中，父母只要有心，就可以从点点滴滴处培养孩子的责任心，从每一件看似不起眼的小事中，让孩子学会承担责任。

● 情商课堂

父母要告诉孩子责任是什么，也要培养孩子责任的意识，才能督促孩子承担责任。父母切勿把孩子的一切都承包下来，

让孩子在无忧无虑的环境中成长，这只会导致孩子缺乏责任感，也没有担当。对于一些重要的事情，父母还要告诉孩子必须坚持哪些基本原则，也要采取恰当的方式提升做事情的效率。相信在父母的努力和用心之下，孩子的责任感会越来越强，也会真正肩负起人生的责任。

提升孩子承受压力的能力

程敏琛已经30岁了，但就像是一个巨大的婴儿，非但没有和年龄相匹配的能力，就连照顾自己都做不好。他是家里的独生子，从小就被父母精心呵护，真是含在嘴里怕化了，捧在手里怕摔了。不管什么事情，父母都会代替程敏琛去做，即使他闯祸了，父母也无怨无悔地履行赔偿的责任，丝毫不让程敏琛感到为难。

过了30岁生日，已经失业在家半年多的程敏琛决定去找一份工作，养活自己。人家都说三十而立，他的30岁非但没有立起来，反而还在啃老呢！虽然是"巨婴"，他归根结底还是比婴儿想得更多一些：没有工作，连女朋友都找不到，为了自己也要去找工作。他没有过硬的文凭，只是普通专科毕业，在这个本科生、研究生一抓一大把的社会里，很难凭着文凭找到理

第07章 你该自信和自强：让孩子保持好心态，高情商离不开稳定的心理素质

想的工作。程敏琛理想的工作就是福利待遇好、旱涝保收，不需要出差，也不要太累。这完全就是退休生活啊，程敏琛找了很久都没有找到。后来，他接到了一家房地产经纪公司的面试通知，无奈之下只好骑驴找马，先去面试。虽然做好了心理准备，也知道房地产经纪人的工作非常辛苦，但是才上了半个月的班，程敏琛就打起了退堂鼓：每天早晨九点上班，晚上九点才下班，这不是最重要的，最重要的是他才工作半个月，经理就给他下了命令，要求他在下半个月里必须签约一单租赁。

和买卖相比，租赁很容易。即便如此，程敏琛还是感到压力山大：我都没有客户，怎么能开单呢？就在经理给他安排任务的第二天，他就提出了辞职。对此，经理很无语：连这么点儿压力都不能承受，将来更没法适应工作。

一个30岁的大人，怎么就不能承受压力呢？难道他在30年的时间里，从来都没有承受过压力吗？的确如此，父母一直把程敏琛当成婴儿来照顾和抚养，也难怪程敏琛始终长不大，总是畏缩和逃避呢！只是父母日渐老迈，只怕再想照顾程敏琛也心有余而力不足了。等到父母老去，程敏琛又该如何生活呢？且不说成家立业，只说养活自己，只怕他都做不到。

父母总是溺爱孩子，使得孩子的年龄只在时间上增长，而孩子自身各方面的能力却始终处于停滞状态，甚至还会倒退。相信每一个父母都不希望看到孩子有这样的表现，那么就要当

机立断地对孩子放手，并且抓住各种机会提升孩子承受压力的能力。俗话说，人无压力轻飘飘，我们也可以说，人无压力不成才。尤其在当今社会，大多数孩子都是独生子女，又因为家里的经济条件相对比较好，或者父母的照顾无微不至，使得他们习惯了衣来伸手、饭来张口，也从来不想通过努力去创造生活。

人生是很艰难的，如同逆水行舟，不进则退，父母与其没有限度地照顾和包容孩子，还不如从现在就开始历练孩子的抗压能力，也想方设法帮助孩子理性地面对挫折和压力。越是艰苦的环境，越能磨炼孩子的意志，越是顺遂的环境，越会消磨孩子的斗志，使孩子非常无助。在教育方面，有些事情早一些去做才能占据主动，比晚一些去做的效果要好得多。父母要明智，既要爱孩子，也要给孩子铺路，这样才能让孩子健康成长，努力向上，如同向日葵一样始终向着太阳，不被人生的阴霾和风雨打倒。

情商课堂

适度地让孩子吃一些苦，对孩子的成长只有好处，没有坏处。养育孩子又不是制造蜜饯，始终让孩子感受甜蜜做什么呢，最重要的是现实的生活很残酷，也常常充满着苦涩。当孩子一蹶不振的时候，父母还要多多激励和鼓舞孩子，让孩子始终充满勇气，充满希望，放飞自我！

第08章

要学会处理冲突：
让孩子学会理性解决问题，不要任性妄为、意气用事

人是群居动物，每个人都要在人群中生活，也是社会成员之一，这就注定了在人际交往中，会有各种各样的矛盾产生。哪怕是孩子，在家里，也会与家人发生矛盾，虽然概率很小，但是并不能忽略不计。走出家门，走入社会之后，孩子还会和同学、老师以及其他人发生矛盾。要想培养孩子的高情商，父母就要引导孩子处理矛盾和冲突，让孩子控制好自己的情绪，更加理性地解决问题，因为冲动是魔鬼，只能让一切变得更加糟糕。

武力并不能真正地解决问题

安安才上初一，妈妈一直担心他在学习上不能适应，总是询问他是否需要聘请一对一的老师补习，都被安安拒绝了。让妈妈没想到的是，平日里像女孩一样文静的安安，居然在学校里和同学打了起来。接到老师的电话，妈妈赶紧向领导请假，火速赶去学校。妈妈来到办公室，看到安安的脸上挂彩了，再看看那位站在旁边的同学，脸上也结了好几块血疤，妈妈真是又心疼又生气。

老师把事情的经过讲给妈妈听，这让妈妈更加无语。原来，安安正处于变声期，声音很嘶哑。这位同学嘲笑安安："你说话就像乌鸦在叫，充满了不祥的气息。"安安向来最讨厌乌鸦，如今自己却被说成是乌鸦，当即就和同学扭打在一起。妈妈对老师说："安安以前不是这样的，性格比较平和，我真不明白他这次怎么因为这么点儿小事就和同学动手，我都不知道他还会打架！"这个时候，安安和同学已经接受教育，回到教室里上课了。老师说："初中阶段的孩子正处于青春期，非常敏感，情绪冲动，而且会有暴力倾向。我建议您回到家里还是好好地和孩子沟通一下，做通孩子的思想工作，毕竟初中的校园环境比小学的校园环境复杂多了,光靠武力是不能真正解决问题的,还会破坏同学关系。我作为老师,当然也希望班风和谐,这样我做工作也容易一些,还可以有更多的时间和精力用于教学。"妈妈赶紧向老师表示歉意,也保证回家会和安安沟通。

孩子升入初中,很多父母都会感到抓狂,因为原本性格平和的孩子就像变了一个人一样,变得很爱动手,很爱争执。这是为什么呢?青春期是孩子一生之中最大的叛逆期,在这个阶段,孩子的身体快速发展,分泌出大量的荷尔蒙,孩子的心理也受到影响,精神和情感都处于波动的状态。父母要密切关注青春期孩子的身心变化,这样才能有效地帮助孩子,也及时疏导孩子的负面情绪。尤其是当孩子与同学或者老师发生矛盾的时候,父母的态度很关键。一味地批评孩子,会使孩子觉得父母不关心自己;如果偏向孩子,又会助长孩子的行为。最好的方法是,父母能够像朋友一样和孩子沟通,知道孩子真实的想法,这样才能把话说到孩子的心里去。

青春期孩子的情感和情绪就像洪水一样,来势汹汹,这也是他们为何一反常态变得冲动和崇尚武力的原因。而且,随着不断地成长,孩子的自我意识越来越强,竞争意识也会更加强烈,为此表现出明显的争强好胜的特点。有的时候,社会上的不良青年也会影响孩子,让孩子从文绉绉变得恶狠狠,这是很让父母抓狂的。细心的父母还会发现，孩子喜欢"拉帮结派"了，这是因为青春期的孩子很希望得到他人的认可，尤其希望得到小团体的接纳。特别是男孩，在这个方面的表现更加突出，他们都争当小团体的头目，这是符合人的动物本能的。学校虽然是世外桃源，却并不太平，而是更像一个小型的社会，会让在其中生存的孩子们感到苦恼。作为父母，如果对孩子引导成功，那么孩子就会在竞争意识的促使下，表现更突出。反之，如果父母对于孩子的引导不成功，那么孩子就会陷入恶性竞争之中，甚至故意与父母对着干，惹父母生气。这当然是父母不想看到，也不愿意面对的。

面对青春期的孩子，很多父母都感到头疼，他们不知道孩子的心里在想什么，也不知道孩子希望得到怎样的对待。实际上，孩子想要得到的很简单，不管是在家里还是在学校里，或者是社会上，孩子最渴望得到的就是尊重、理解、平等对待。青春期孩子的自尊心非常强，他们不能忍受他人对自己的贬低或者嘲讽，往往因为一言不合就打起来。要避免冲突的发生，就要给予他们尊重、理解和爱。当然，这样理想的状态并不能始终呈现，有的时候，矛盾会猝不及防地发生。如果孩子与父母之间发生矛盾，那么作为父母切勿使用暴力手段对待孩子，否则就会使孩子受到不良影响，误以为武力是解决一切问题的撒手锏。父母的言言传身教对孩子的影响很大，当父母总是耐

第 08 章　要学会处理冲突：让孩子学会理性解决问题，不要任性妄为、意气用事

心地对孩子讲道理，相信孩子在面对冲突的时候第一反应绝不是握紧拳头。

然而，有些时候父母并不能及时了解孩子在学校里的情况，当肢体冲突发生时，父母怎么做才能让孩子认识到打架不是万能的呢？除了给孩子讲道理之外，还要把打架的利害关系告诉孩子：例如，打伤人要赔偿，打死人要受到法律制裁。而且在肢体冲突中，没有谁是常胜将军，孩子也有可能会受到伤害，甚至有些伤害是无法愈合的。父母要对孩子进行生命教育，让孩子意识到生命是最宝贵的。现代社会，虽然父母对于孩子的教育意识非常超前，但是太多的父母都忽略了对孩子进行生命教育。健康的生命是1，如果没有生命，其他一切的还有什么意义呢？

尤其需要注意的是，不管孩子们打架的结果是什么，父母都要和平解决孩子之间的纷争。有些父母本身就是火爆脾气，还总是护犊子，一旦看到自家孩子吃了亏，他们马上就像炮仗一样爆炸，恨不得也和对方家长打一架。当着孩子们的面争吵不是明智之举，当着孩子的面厮打更是下下策，更会给孩子们带来不良影响。明智的父母会和平解决孩子之间打架的问题，以身作则，为孩子树立好榜样。为了避免孩子不懂得发泄情绪而总是打架，父母要教会孩子们解决问题的方式。孩子很聪明，如果有更好的方式处理问题，他们为何要选择两败俱伤呢？

🔴情商课堂

父母为孩子营造和谐的家庭氛围，给孩子民主的权利，让孩子表达自己的想法。即使孩子犯了错，也不要不分青红皂白就责罚孩子，父母对待孩子的方式要包含着尊重、平等，才能让孩子耳濡目染学会以理性的方式解决问题。当孩子处于青春期，身心都在躁动之中，父母更要为孩子创造良好的成长环境，这样才有益于孩子的身心健康。

理性思考，不冲动，不盲目

妈妈正在上班，接到老师打来的电话，说小海因为打群架，被警察带走了。妈妈大吃一惊，小海一向听话懂事，怎么会打群架呢？妈妈赶紧联系爸爸去派出所领人。路上，妈妈和爸爸说好到了派出所先办理手续，不要急着批评小海，爸爸同意了。

打群架的后果还挺严重的，小海所在的这边势力比较强，受伤较小，另外一方有个孩子被打伤进了医院，正在监护室呢。参与打架的孩子，都要为这个孩子出医疗费。出钱倒是次要的，如果那个孩子治不好，怎么办呢？回到家里，才刚刚进门，爸爸扬手就要打小海，小海躲过去了。妈妈制止了爸爸，显然，他们在去派出所之前没有想到事情居然这么严重，接下来只能面对。妈妈问小海："你认识被打的那一方吗？"小海摇摇头，妈妈很纳闷："你都不认识人家，与人家有何冤仇啊，非要把人往死里打？"小海低着头，也很后悔，嗫嚅着说："其实，是我们的一个哥们儿和那个人有仇，大家都要为这个哥们儿出口气，所以就都跟着去了。没想到一打起来，想跑都跑不了，只能打。我也不知道，事情会这么严重。"爸爸恨铁不成钢，咬牙切齿地说："你知道你那个哥们儿为何和对方有仇吗？是因为他总是纠缠人家的妹妹，被拒绝了，还是缠着人家不放。这不就是个泼皮无赖嘛，值得你冒着坐牢的风险去帮他出头吗？"小海惊讶地看着爸爸，看来他直到现在还不知道他的哥们儿是一个怎样的人。妈妈语重心长对小海说："小海，事情既然已经发生了，我们只能面对，也只能承担责任。但是小海，爸爸妈妈都希望你以后能多多思考，避免冲动，也不要盲目地讲哥们儿义气。目前这件事情如果能用钱来进行补偿，还是最轻微的后果，如果对方追究你们故意伤害罪，那么你们很有可能需要坐牢。你想想，这样做真的值得吗？"在妈妈耐心的教育下，小海伤心地哭起来："妈妈，我真的不知道后果这么严重，我保证以后再也不这样了。你和爸爸帮帮我吧，我想上学，不想坐牢。"

很多青春期的孩子都特别容易冲动，尤其是在一个小团体中，为了得到团队成员的认可，他们往往盲目从众，和团队成员一起做一些事情。对于后果，孩子们并没有预期，也没有承受的能力，也许就会因为一次冲动而付出惨重的代价。

如何才能预防孩子们的冲动呢？作为父母，固然无法做到每时每刻都陪伴在孩子的身边，监管孩子的一言一行，但是却可以提前做好孩子的思想工作。在教养孩子的过程中，要引导孩子理性地思考，要帮助孩子战胜内心冲动的情绪，寻求合理的方法解决问题。如果孩子因为冲动犯了错误，在孩子的能力范围内，父母要让孩子去承担后果。这么做，可以让孩子切身感受到冲动的恶劣后果，让他们对于冲动有更深刻的认知。

父母还要提升孩子的辨识能力，让孩子能够区分谁是真正的朋友，谁是狐朋狗友。朋友对于孩子的影响是很大的，青春期的孩子非常渴望得到朋友的认可，也希望自己能够融入小团队之中。在这种心理的驱使下，他们往往会表现出盲目的从众性，使得自己的行为失去理性。作为父母，虽然不能干涉孩子交朋友的自由，却有义务审查孩子的朋友，为孩子把好交朋友的关卡，这样才能让孩子远离损友，结交真心的朋友。

为了让孩子能够理性思考，父母还要引导孩子预见到很多行为的后果。很多孩子看似勇敢无畏，实际上是缺乏敬畏之心的表现，也是因为初生牛犊不怕虎，所以很盲目，很无知。只有预见到可能出现的后果，孩子才能主动地权衡自己是否能够承担后果。有了这样的认知，孩子们在做出决定的时候就不会那么冲动，而是会认真地斟酌，仔细地权衡。

　　当然，父母即使做了很多努力，也未必能够解决孩子冲动任性的问题。面对一个冲动的孩子，父母切勿因为缺乏耐心或者过于急躁而劈头盖脸批评孩子。具体而言，父母首先要给孩子做好榜样，在孩子面前保持冷静，而不要总是怒声训斥孩子，或者动辄打骂孩子。父母的一言一行都会给孩子留下深刻的印象，造成很大的影响，为此父母必须身先示范，给孩子积极的影响。其次，父母要引导孩子正确认知友谊，积极结交朋友。每个人帮助朋友都要以合理的方式进行，而并非要为朋友两肋插刀。当孩子知道什么是真正的朋友，也知道友谊真实的模样，他们就能够用正确的方式对待和帮助朋友。最后，要想避免孩子冲动行事，一失足成千古恨，父母一定要让孩子承担意气用事的后果。很多父母都过分疼爱孩子，不管孩子犯了什么错误，父母都不由分说想要代替孩子承担后果，这样只会导致孩子更加恣意妄为。父母的说教未必会对教育孩子起到积极的作用和效果，明智的父母会让孩子亲自承担后果，知道冲动的责任，这样孩子就能够控制好自己，不再盲目。教育孩子从来不是一件容易的事情，孩子在成长过程中，不但身体快速成长和发育，心理也会处于变化之中。父母要更加了解孩子，打开孩子的心扉，走入孩子的内心，则亲子沟通会更顺畅，更亲密无间，这对于父母教育孩子会有强大的助力作用。

情商课堂

众所周知，冲动是魔鬼，更何况还没有判断和甄别能力的孩子，陷入冲动之中，盲目地跟从他人做出恶劣的行为呢？这会使冲动的结果更加难以预期，甚至会产生让孩子的生命不能承受之重。父母是孩子的照顾者，也是孩子的监护人，对于孩子在成长中的一切言行都有不可推卸的责任。父母一定要多多关注孩子，给予孩子爱与自由的成长环境，也为孩子营造民主和谐的家庭氛围，从而与孩子之间建立良好的沟通渠道，做到及时了解孩子的心理动态，及时关注孩子的情感需求，也成功地教育和引导孩子，避免孩子的冲动、盲目。

让孩子形成正确的是非观念

佩佩是班级里的学习标兵，也是不折不扣的学霸。她在学习方面始终非常勤奋，总是不遗余力做到最好。不但老师很喜欢佩佩，同学们也都由衷地对佩佩竖起大拇指。最近，班级里正在开展互助小组的活动，老师特意安排学习后进生张兴与佩佩坐一桌。张兴是个顽皮捣蛋的男孩，学习上总是漫不经心。佩佩很认真负责，总是盯着张兴学习，在课堂上督促张兴认真听讲，在课后催促张兴及时完成作业。一段时间下来，张兴的学习成绩有所提升，他很感谢佩佩的帮助。

接触的时间长了，佩佩和张兴越来越熟悉，张兴又露出本性，经常会捉弄佩佩，如捉一只小青蛙放在佩佩的课桌洞里，或者趁佩佩不注意拍打佩佩。佩佩很生气，就会反击张兴，有的时候，她要围着教室转好几圈，才能追上张兴，"狠狠地"揍张兴一顿。当然，张兴并不生气，反而很愿意这样，为枯燥的学习生活增添几分乐趣。也渐渐地，班级里的同学们开始对张兴和佩佩挤眉弄眼，还有些同学说起了闲话，有几个和佩佩玩得挺好的女生，也渐渐地疏远了佩佩。佩佩觉得很委屈，回到家里，把烦心事一股脑地告诉妈妈，问妈妈："妈妈，我是不是要和老师申请，不再和张兴同桌啊？"妈妈想了想，很认真地对佩佩说："佩佩，你帮助张兴提升学习成绩，是很好的行为，是乐于助人的表现。不过呢，你们渐渐长大了，男女同学之间再也不该像小时候不懂事阶段那样一起玩耍，而是要把握分寸。明白吗？"佩佩担心地问："那么，我的好朋友们还会继续和我玩吗？"妈妈点点头，说："当然。我相信她们一定会的。"

接下来的日子里，佩佩有意识地调整和张兴的关系，把握交往的分寸，不再和张兴在教室里嬉笑打闹。果然，好朋友们又和佩佩一起玩，而且同学们的流言蜚语也渐渐地消失了。

随着不断地成长,男孩与女孩表现出更加明显的差异,因而在小学中高年级,孩子们从小时候无所顾忌地在一起玩,到渐渐地意识到男生女生的性别差异,为此异性之间彼此疏远。虽然佩佩和张兴是老师指定的互助小组,但是过度亲密或者行为无界,肯定会在同学们之间引起误解。面对这样的情况,佩佩感到十分委屈,也变得动摇,甚至想要和张兴把座位调开。对于佩佩的苦恼和困惑,妈妈非常理性,她没有批评佩佩,更没有指责佩佩,而是耐心地向佩佩解释男孩女孩相处的界限。这样一来,佩佩就能调整自己的言行,在适度范围内和张兴相处,也让班级里的闲话不攻自破。

孩子们正处于身心发展的阶段,他们还没有形成明确的是非观念。在这个纷乱嘈杂的社会中,如果孩子没有主见,遇到事情也不知道自己应该怎么做,他们就很容易违法犯罪。因而父母在教育孩子的时候,一定要首先告诉孩子什么是对的,什么是错的,对于那些没有明确判断标准的事情,要怎么做才能坚持原则。这是一个琐碎且浩大的工程,只靠着主动教育孩子,是不可能把所有的情况都囊括在内的,那么当孩子在成长中遇到各种问题的时候,父母还要针对具体的情况和所呈现出来的问题,有针对性地指导孩子面对和处理问题。这样点点滴滴的积累之后,孩子才能有更丰富的经验,明智地进行判断。孩子不是一天长大的,教育孩子是一个循序渐进的过程,需要

第08章 要学会处理冲突：让孩子学会理性解决问题，不要任性妄为、意气用事

父母付出极大的耐心。

有些父母本身的观点就是错误的，在教育孩子的时候，无疑会对孩子产生误导。最可怕的是，他们并没有意识到自己的错误，更没有意识到自己还把错误传递给了孩子。这会给孩子带来极大的困扰，他们或者和父母一样一错到底，或者在接受正确的观点之后，内心感到困惑，不知道是该听从父母的，还是听正确的观点。为了避免给孩子带来困扰，也为了给孩子更好的教育和引导，父母要经常反思自己，不要当固执的父母，而是应该坚持学习，坚持提升和完善自己。在这个世界上，没有谁能保证自己绝对正确，既然如此，父母就要避免固执己见，而是要认真听取孩子的意见，或者在拿不定主意的情况下，和孩子一起去探求真理。

还有些孩子因为受到思维的局限，所以很容易走入思维的死胡同，没有办法走出来。每当这时，父母不要一味地批评和否定孩子，否则只会激发孩子的叛逆心理，导致孩子更加不愿意和父母沟通。明智的做法是，父母要设身处地为孩子着想，体会孩子的情绪和感受，这样才能体谅孩子，理解孩子，也把话说到孩子的心里去。千万不要以粗暴的方式伤害孩子的自尊心、自信心，更不要盲目地与孩子发生激烈的冲突，否则只会导致孩子故意与父母对着干，也会使情况变得越来越糟糕。一旦孩子关闭心扉，不愿意再与父母沟通，那么父母再也没有途

径了解孩子，更没有办法把自己的想法告诉孩子，家庭教育就会呈现出打了死结的状态，想要解开死结当然是很难的。

● 情商课堂

生活处处都有矛盾，父母要教会孩子处理矛盾，孩子才能更好地与他人相处。首先，要帮助孩子树立是非观念，让孩子成为一个正直、善良的人。俗话说，十年树木，百年树人，实际上不管是树木还是树人，都要先保证根基的稳定。优秀的品质正是孩子做人的根本，也是孩子成才的保障。父母切勿只盯着孩子的学习而忽略了对孩子品质的培养。

孩子任性怎么办

暑假到了，梅梅天天待在家里，感到非常烦闷。但是爸爸妈妈平日里都要上班，只有周末才有时间带着梅梅出去玩。因为周末只有两天的时间，他们全家人只能本地游，根本没有办法去更远的地方度假。梅梅得知有的同学去上海迪士尼了，有的同学去泰国看人妖了，有的同学去厦门鼓浪屿了，不由得感到闷闷不乐："为什么大家都能出去玩，就我不能出去呢？"

一天傍晚，看到妈妈下班回家，梅梅对妈妈说："妈妈，我要去日本玩。"妈妈惊讶地看着梅梅："你怎么会突然有这

第08章 要学会处理冲突：让孩子学会理性解决问题，不要任性妄为、意气用事

个想法？"梅梅说："很多同学都出去旅游了，开学之后，如果大家都说去哪里玩了，就我没有话可说，这也太尴尬了。"妈妈想了想，很认真地对梅梅说："梅梅，我和爸爸都要上班，没有那么长的假期。而且，就算我们有假期，你也知道我和爸爸是工薪阶层，根本没有那么多钱出去旅游。妈妈希望，你能体谅我和爸爸的辛苦，周末的时候咱们出去玩玩，就在本地，也很快乐，还不用花费太多的钱。"听着妈妈的话，梅梅的眼泪簌簌而下："为什么别人都能出去玩，我的好朋友也要去日本了。你们可以让我和她一起去，她的爸爸妈妈会照顾我们的。"妈妈对梅梅说："梅梅，一则你和别人去那么远的地方，我会很不放心。二则你和别人出去会给别人添麻烦的。你放心，等到爸爸妈妈挣了更多的钱，一定找机会好好带你出去玩一次。而且你也要很努力地学习，将来考上好大学，有了好工作，那么想去哪里玩就去哪里玩。"梅梅依然很想去日本，她一直在和爸爸妈妈赌气，不愿意和爸爸妈妈说话。

　　父母辛苦养育孩子长大，但又有几个孩子能够感恩父母呢？大多数孩子都只会抱怨父母，他们很喜欢攀比，在看到自己的生活条件比不上其他同学时，心中难免不平，甚至还会因此对父母产生抱怨心理。有些孩子非常任性，因为从小不管有什么愿望都会被父母满足，即使长大了，他们依然习惯伸手向父母索要一切。然而，面对孩子越来越多的欲望，父母还能无

限度满足吗？举个最简单的例子，孩子小时候想要棒棒糖，父母可以给孩子买；孩子想要漂亮的衣服或者好玩的玩具，父母也可以给孩子买。毕竟这些都是日常用品，即使价格比较贵，也是父母可以承受的。但是等到孩子长大了，他想出国旅游，想要一辆跑车，想要豪华的房子，父母还能满足孩子吗？当然不能。这个时候，已经习惯被满足的孩子就开始对父母产生抱怨心理，觉得父母没有能力，无法给自己提供更好的条件。他们丝毫不感恩父母，甚至还会怨恨父母。面对这样任性妄为的孩子，父母会怎么想呢？当然会认为孩子不懂事，是个白眼狼，还是个讨债鬼。但是，这一切是怎么造成的呢？作为父母，必须深刻地反思，也要找到问题的根源所在，才能有效地解决问题，改变孩子任性自私的坏习惯。

明智的父母即使有能力，也不会无限度满足孩子的一切要求，即使孩子小时候的要求很小，是父母很容易就能满足的，父母也不会让孩子误以为他们的一切要求都应该得到满足。要想让孩子改掉任性自私的坏习惯，父母要有限度地拒绝孩子，也要对孩子开展延迟满足的训练。这么做的目的只有一个，那就是让孩子知道每个人所有的要求未必都能得到满足，要学会接受拒绝，要学会留有遗憾。

有些父母发现，拒绝孩子往往很难，孩子的欲望无止无休，还会越来越大。面对孩子日益增大的胃口，一次又一次地

第08章　要学会处理冲突：让孩子学会理性解决问题，不要任性妄为、意气用事

拒绝孩子，总是与孩子发生冲突，引起孩子哭闹不休，整个家庭的氛围都很紧张，一点儿都不和谐。每一个父母都希望自己回到家里能够享受安静，而不希望自己在孩子哭闹的环境中感到紧张和焦虑。因此，有些父母对孩子妥协了，也安慰自己：孩子还小，教育的问题缓一缓吧，先求得眼前的母慈子孝再说。父母不知道，也许这一时的纵容，就会让孩子变本加厉提出各种要求。其实要想避免每日因为拒绝孩子引起争吵很简单，那就是为孩子定规矩。一旦确立了规矩，就可以让孩子按照规矩去享受应有的权利，而避免了每天都因为同样的问题与孩子发生争执。在此过程中，还可以培养孩子遵守规矩的意识，可以一举数得。需要注意的是，一旦定下规矩，就要严格要求孩子遵守规矩，尤其是父母，切勿因为一时不忍心就当着孩子的面破坏规矩，否则规矩就会形同虚设。

当然，即使是规矩，也不是灵丹妙药。面对规矩，有些孩子还是会以哭闹来威胁父母。明智的父母知道，孩子越是任性，父母越要坚持原则，不要轻易妥协。因为一旦孩子认识到哭闹是有用的，他们就会把哭闹当成是撒手锏。面对哭闹不休的孩子，父母反而更应该坚持原则，要求孩子遵守规矩，这样孩子才会渐渐地改掉任性的坏习惯，能够自觉主动地按照规矩去做很多事情。将来，父母的教育底线就是孩子的人生底线，今日父母如果无限度地降低底线，将来孩子的行为就会坠入深

渊。真正负责任的父母不会因为一时觉得教育很麻烦，坚持原则很困难，就对孩子妥协。只有有原则的父母，才能教育出守规矩的孩子，也才能让孩子的人生有底线，有原则。

● 情商课堂

很多父母在家里实行"一家两制"，也就是采取双重标准。他们对孩子的要求很严格，对自己的要求却很放松，殊不知，孩子的眼睛一直盯着父母呢，当看到父母享有特权，他们怎么可能严格遵守规矩呢？明智的父母会在家庭里制定统一的规则，在要求孩子遵守规则之前，他们身先示范，已经先遵守了规则。当孩子看到父母遵守规则，他们即使心不甘情不愿，也会管理好自己遵守规则。所谓习惯成自然，当孩子在家庭生活中习惯于遵守规则，他们就会自然而然地做好很多事情，而不会再因为日常的事情而与父母讨价还价，导致与父母发生矛盾与冲突，破坏家庭和谐愉快的环境。

孩子输得起，情商更高

最近，天天正在和哥哥学习下象棋。他的求胜心很强，刚学习怎么走棋，就跃跃欲试要和哥哥一较高下。哥哥已经学习象棋三年了，天天才学了三个月都不到，哪里是哥哥的对手呢？第一次和哥哥下象棋，天天就惨败。他不服输，继续和哥哥下象棋，接下来两盘还是输了。面对三连输，天天生气地大哭起来，妈妈听到天天的哭声，不知道是怎么回事，赶紧来查看情况。得知天天哭的真相，妈妈哭笑不得："天天，下象棋本来就有输赢的啊，你才刚刚学习象棋，水平肯定没有哥哥高。"天天生气地把棋盘推开，对妈妈说："好吧，我不玩了！我以后再也不玩象棋了！"看着天天的样子，妈妈没有再劝说天天，而是任由天天先发泄情绪。

等到天天平静下来，妈妈对天天说："天天，你知道哥哥学习象棋的时候是怎么样的吗？"天天摇摇头，妈妈说："哥哥一开始学习象棋也总是输，不过呢，他没有生气，而是继续找水平高的人下棋。在每一次输棋之后，他都会认真想一想自己为何会输。渐渐地，哥哥下棋的水平越来越高。你想变得像哥哥一样厉害吗？"天天点点头，说："但是输掉很丢人。"妈妈笑起来，摩挲着天天的头，说："天天，你觉得输了丢人，就会丢人；你觉得输了不丢人，就不丢人。在考试的时候，小朋友经常因为不会做题目而做错，接下来要做的不是觉得丢人，而是要及时地订正，掌握知识点，这样才能在下次考试的时候，不犯同样的错误，对不对？"天天点点头，似懂非懂。妈妈说："下象棋也是学习的过程，要从不会到会，必须很努力，而且要一直坚持学习。你能做到吗？错了、输了，都是好事情，因为可以继续学习，让自己变得更强大。"天天这才理解妈妈说的话。再和哥哥下棋的时候，每次输棋，天天都会让哥哥告诉他他在哪一步走错了。就这样，天天下棋的水平越来越高。

一个人如果输不起，赢的概率就会很低，因为不能面对失败的人，无法从失败中吸取经验和教训，提升自己。每个孩子的好胜心都很强，他们似乎天生就喜欢争胜负，只要是有较量，他们就希望自己能够获得胜利。而遭遇失败的他们，总是情不自禁皱起眉头，对自己非常不满意，有些孩子还会非常沮丧，不愿意继续努力。这样的孩子就是典型的输不起，不过父母无须紧张，因为孩子出现输不起的情况很正常。孩子的心智发育不够成熟，他们还不能客观地认知自己的能力，也不知道自己的优势和劣势分别是什么。面对失败和挫折，他们情不自禁地表现出愤怒等负面情绪。虽然父母要理解孩子输不起的表现，也要接受孩子输不起的行为，但是却不能对孩子的坏情绪听之任之。如果不能及时舒缓孩子的坏情绪，孩子就会在自暴自弃之中越来越消极懈怠。如果没有一次又一次的努力尝试，孩子如何能够距离成功越来越近呢？

在集体活动中，当孩子明显表现出输不起，一旦不能如愿以偿获得成功，就愁眉苦脸，则孩子就会把负面情绪带给身边的人，很难得到他人的认可和欢迎。古今中外，真正的成功者，未必有独特的天赋，也未必得到了贵人的帮助，但是他们一定有一个显著的特点，那就是即使遭遇失败，依然充满信心，努力尝试。有些时候，孩子们是需要向"打不死的小强"学习的，拥有顽强的生命力和意志力，孩子的内心才会越来越强大。

除了要让孩子越挫越勇之外，父母还要引导孩子以平常心对待胜负输赢。既然是竞争，就总有输赢。一味地想要赢，也许会让自己的内心过于紧张，导致发挥失常，反而无法赢得比赛。古人云，有心栽花花不开，无心插柳柳成荫。当孩子以平常心对待比赛，以放松的心态争取做出更好的表现，反而能够超常发挥，收获自己想要的结果。胜负输赢固然要靠着孩子们的努力，同时也受到外部很多因素的影响，作为父母，要避免对孩子的成长急功近利，从而给孩子造成负面影响，而是要尊重孩子内心的节奏，让孩子自由地成长，这样孩子才能淡然从容，拥抱人生。

● 情商课堂

孩子既不能过分看重输赢，也不能完全不把输赢放在心上，这其中的度是要把握好的。当过分看重输赢，孩子就会得失心太重，当不在乎输赢，孩子又会对比赛采取无所谓的态度，也没有动力努力向上。有智慧的父母会让孩子感受到竞争的压力，也会让孩子从竞争中收获乐趣，还会让孩子以端正的心态看待竞争，与小伙伴之间开展良性竞争。

第09章

拥有自控的能力：
能够控制自己的情绪和意识，也是高情商的体现

所谓高情商，最重要的一个方面就是要能够控制自己的情绪和意识，成为自己的主宰，能够真正掌控自我。对于每一个人而言，情绪的产生很少会有预警，除非是以情绪来演戏，我们才能预先知道自己接下来的情绪状态。在日常生活中，大多数人的情绪都是随机产生的，尤其是突发事件，更容易导致人们情绪波动，起伏不定。父母要想培养孩子的高情商，就要引导孩子学会感知和控制情绪，也能够有效地处理好已经发生的情绪问题。

自控的孩子更强大

放学，佳明骑着自行车回家。因为学校门口在放学期间人流密集，非常拥堵，佳明和一个其他班级的同学发生了剐蹭。他们当即怒气冲冲地争吵起来，谁也不愿意谦让谁。从一开始的互相责怪，到后来的彼此仇视，最后他们居然打了起来。佳明和那位同学谁也没有占到便宜，脸上都挂了彩。后来，在其他同学的劝说下，他们才各自骑上自行车回家。

回到家里，佳明还怒气未消，一进屋就生气地把书包摔在地上。妈妈正在做饭，不知道佳明为何这么大的火气，听到嘭的一声，妈妈赶紧走出来查看情况，这才发现佳明脸上有几道伤痕。妈妈赶紧向佳明询问情况，佳明说："都是那个不长眼的同学，骑着自行车撞到我，还不道歉，非要和我掰扯，结果我和他打了一架。"说着，佳明又把鞋子扔到鞋柜里。妈妈看到佳明摔摔打打的样子很生气，说："你这个没用的家伙，在外面打不过别人就回家里耍横啊！告诉你，赶紧把鞋子给我放好，然后洗手洗脸去写作业。要是再让我听到你摔东西，看我怎么收拾你！"佳明被妈妈训斥，不敢吭声，赶紧回到房间里，但是他心里还是愤愤不平：在外面受气，回到家里还是受气！

第09章 拥有自控的能力：能够控制自己的情绪和意识，也是高情商的体现

面对佳明失控的情绪，妈妈非但没有引导佳明恢复情绪平静，反而火上浇油，训斥佳明，结果导致佳明的情绪更加糟糕。如果妈妈能够改变方式与佳明沟通："佳明，放学的时候学校门口很拥堵，我想那个同学都不认识你，一定不是故意骑着自行车撞击你的。你们男孩子火气大，肯定一言不合就开始争吵，我想如果没有受伤，你们彼此之间笑一笑，这件事情也许就过去了，而不至于发展到打架的程度。当然，我知道你毫无防备被别人撞了一下一定吓了一跳，不过没关系，男孩要勇敢，也要练习胆量，对不对？"这么说话，妈妈既接纳了佳明的情绪，有助于佳明恢复平静，也给出了佳明合理的建议，引导佳明控制情绪，与同学友好相处，可谓一举两得。最重要的是，妈妈这么说不会导致佳明更加生气，而是能够让佳明平静下来，理性地思考问题，反思自己做得是否正确。

情绪虽然看不见摸不着，却会在人的内心深处不断地积累，直到爆发。对于孩子而言，一味地陷入负面情绪之中，会影响他们的心智发育，也会损害他们的情绪健康。有心理学家经过研究发现，人在愤怒的情况下身体会发生一系列的变化，分泌大量的肾上腺素，这些能量如果得不到疏导和宣泄，就会反过来伤害身体。由此可见，孩子能够掌控自己的情绪，不但有利于与他人建立良好的人际关系，还有利于自己的身心健康呢！

情商课堂

情绪的力量是非常强大的，每当情绪发生的时候，理性就被强烈的情绪压制，无法发挥作用，正因为如此，人们才会在冲动之下做出各种过激的举动，也使得事情的发展更加糟糕。如何才能引导孩子控制情绪呢？第一点，父母不要压制孩子的情绪，也不要禁止孩子发泄情绪。在孩子的心灵世界里，情绪就像是流动的水，必须找到出口才能流出去，而不能静止不动，否则就会腐烂变质。第二点，父母可以和孩子进行一些约定，这样一来，孩子在特定的情势下就能合理地控制自己，而不会任由情绪驱使着自己做出失去理性的举动。第三点，要让孩子有博大的胸怀，能够宽容地对待他人，也能够忍耐。每个人都会面临各种各样的矛盾，也会被突如其来的打击所困扰，与其以消极的方式对待，不如以积极的心态去接纳各种情况，也以理性的态度去处理各种问题。对于那些暂时无法解决的问题，发泄情绪也不会有好转，那么不如暂时的忍耐，给情绪一个缓冲的时间。很多人都会发现，对于当时很强烈的情绪，只要过去一段时间，我们就不再那么激动、紧张或者恐惧。时间是最好的灵药，对待情绪也有着神奇的治愈能力。

引导孩子正确认知情绪

年幼的孩子往往不知道情绪为何物,每当情绪发生的时候,他们感受到情绪就像是一头困兽一样在自己的身体内横冲直撞,常常会害怕地哭起来。其实他们不是害怕事情本身,而是害怕自己受到事情的刺激产生的各种莫名其妙的情绪。随着不断的成长,孩子对于情绪会有一定的认知,也开始做到控制情绪。这是一个漫长的过程,在此期间,父母一定要多多引导和帮助,而不要任由孩子受到情绪的伤害,也被情绪驱使着做出让自己后悔的举动。

从本质上而言,情绪是一种心理想象,它看不见摸不着,却有着强大的力量。人们每时每刻都在感受着情绪,愉悦的情绪使人内心平静,而紧张焦虑的情绪则使人陷入困境,或者歇斯底里,或者绝望沮丧,或者对自己信心全无,甚至不愿意再次尝试和努力。可以说,情绪对人的影响力是强大的。作为父母,我们要重视孩子的情绪,也要引导孩子更深入地认知和剖析情绪,这样孩子才能与情绪共处,也发挥情绪的积极作用,避免自己陷入负面情绪的旋涡之中。

情绪有好坏之分。好情绪使人感到愉悦,做事情的时候充满信心,内心淡然平和;坏情绪使人感到悲愤,做事情的时候心神不宁,无法集中注意力,更无法做到专注和全身心投入。

心理学家经过研究发现,在拥有好情绪时,人们在各个方面都会有更好的表现,例如学习和工作的效率更好,友好地与人相处,非常宽容,也很满足等。反之,在受到坏情绪困扰的时候,人们觉得生活全都不对了,他们做事错误百出,和人相处总是言辞犀利,对人很尖酸刻薄,总是怨声载道,整个人就像一个负能量团,不但把自己淹没在负能量之中,还会给身边的人带来负能量。毫无疑问,好情绪给人助力,坏情绪加速人的毁灭。

1936年9月初,在美国纽约,世界台球比赛如期举行。路易斯过五关斩六将,一直表现非常突出且稳定,因而在进入决赛的时候,他的得分遥遥领先。人们都认为,路易斯必然毫无悬念地赢得冠军,路易斯也对赢得冠军胜券在握。在最后一场比赛中,路易斯胸有成竹地上场,继续良好的表现。

他得到了一个发球的机会,正当他拿着球杆伏在台球桌上,盯着主球,准备发球的时候,一只苍蝇飞过来,落在主球上。路易斯起身,挥舞着手,把苍蝇赶走了。他聚集精神,再次做出准备击球的动作。然而,那只苍蝇仿佛故意和路易斯作对,居然慢慢悠悠地又飞回来落在主球上。"这只可恶的苍蝇!"路易斯心中嘀咕着,再次起身,挥手驱赶苍蝇。苍蝇飞走了,路易斯第三次做出击球的动作。让他崩溃的是,苍蝇居然又飞回来落在主球上,观众们见此情形发出哄笑声,路易斯

第09章 拥有自控的能力：能够控制自己的情绪和意识，也是高情商的体现

心情烦躁，这一次他没有放下球杆，而是直接拿着球杆开始驱赶苍蝇。悲剧的一幕发生了，他在驱赶苍蝇的时候，不小心用球杆触碰到了主球。裁判判定路易斯是在击球，就这样，路易斯失去了一次宝贵的击球机会。他的心情彻底被破坏，在随后的比赛中，他心神不宁，一直在想着自己失去了优势，因而表现很不好。看到路易斯露出的各种破绽，对手一鼓作气，连续得了好几分，追平了与路易斯的得分差距。

看到自己优势全无，路易斯更加情绪恶劣。最终，对手乘胜追击赢得了比赛，路易斯失去了胜券在握的冠军。次日清晨，有记者要采访路易斯，没有找到。后来，有人发现路易斯死在河里。警察经过认真观察和缜密推断，还采取了鉴定手段，确定路易斯是自杀。

因为一只苍蝇，路易斯触动了主球；因为触动了主球，路易斯失去了一次宝贵的发球机会；因为失去了发球机会，路易斯方寸大乱，输掉了这场比赛；因为输掉了比赛，路易斯结束了自己的生命。经过分析我们可以发现，路易斯在比赛中到底是输还是赢，并不是由击球决定的，而是由他的情绪决定的。最终的结果，更多地受到路易斯情绪的影响。如果在发现苍蝇之后，路易斯能够始终保持良好的心态驱赶苍蝇，那么苍蝇飞走了，他依然能够获得世界冠军。可惜，路易斯的耐心不够，对于自己的情绪控制也很差。当苍蝇第三次来考验路易斯，路

易斯没有经受住考验，而是崩溃地挥舞着球杆驱赶苍蝇，这就注定了路易斯要输掉比赛的结局。然而，人们没想到路易斯的心理承受能力那么差，次日，路易斯居然跳河自杀了！即使输掉一场比赛，也不是路易斯选择结束生命的理由，不得不说，作为世界选手，路易斯对于情绪的控制能力实在太差，而且他的内心太脆弱。

大名鼎鼎的生物学家达尔文是进化论的奠基人，他曾经说过，人如果发脾气，就会在人类进步的阶梯上倒退一大步。遗憾的是，有很多人都无法控制自己的情绪，包括成人，包括孩子。一旦养成了乱发脾气的坏习惯，人们对于情绪的控制能力就会越来越差，性格也会越发地暴躁，不能隐忍。陷入这样的生活之中，且不说对别人是伤害，对自己也是毁灭。作为父母，要引导孩子认知情绪，让孩子知道情绪的各种特点，从而做到积极地控制情绪。

情商课堂

只有情绪失控的人才会乱发脾气，一个人如果能够控制情绪，就能主宰自我，也就不会受到坏脾气的困扰。所谓情绪，是人们在面对特定情景时发生的情感反应，因而情绪是以情感作为基础的，产生于情感之上。每个人既不可能永远快乐，也不可能永远悲伤，情绪和情感总是随着每个人所经历的不同事情而发生变化，当渐渐地了解了自身的情绪规律，孩子们就能预先知道自己的情感反应,从而未雨绸缪做好情绪应急准备。要想让孩子更快乐,父母就要多多关注孩子的情感状态,及时体察孩子的情绪反应,也要让孩子深入认知情绪,了解自身的情绪特点。

父母要给孩子正能量和好情绪

情绪具有传染性,坏情绪会像感冒病毒一样,在人们之间蔓延。拥有坏情绪的人,就像是一个负能量团,不但把自己淹没其中,也会严重危及他人。试问,你是看到一个满面笑容、情绪高昂的人心情好呢,还是看到一个愁眉苦脸,郁郁寡欢的人心情好呢?当然是前者,看起来赏心悦目。父母要想培养孩子的好情绪,就要以正能量影响孩子,也调动起孩子的好情绪。在有的家庭里,父母本身不苟言笑,总是板着脸,一副苦大仇深的样子,在这样的家庭里生活的孩子,往往也不爱笑。反之,有些父母性格开朗,爱说爱笑,彼此之间相处,以及与孩子相处时,总是保持好情绪。渐渐地,孩子就会受到父母的影响,待人处事很热情很积极,哪怕是遇到难题,也能主动地想办法解决,而不会抱怨和逃避。这就是父母对孩子的影响力,是绝对不容忽视的。

父母希望孩子保持好情绪，就要首先让自己拥有好情绪。家庭是每个家庭成员生活的地方，也是一个小小的世界。在这个世界里，情绪会呈现出弥漫性的扩散趋势，很快就会影响到每一个家庭成员。即使是几个月大的婴儿，也会感知父母的情绪。当然，每一个成年人都承受着生存的压力，也常常会感到疲惫和无助。有的时候，辛苦工作一整天，回到家里，父母的确感到很疲惫，甚至不想说话不想笑。但是，这么冷漠地面对家人是不行的，尤其是会给孩子带来消极影响。明智的父母会把工作和生活区分开，也会在回到家里之前，先把工作中的坏情绪清理干净。这样一来，回到家里，父母就可以带着愉悦的情绪面对孩子，和家人相处，营造良好的家庭氛围。

对于情绪自控力差的人来说，他们的情绪还很容易受到外界各种因素的影响。例如，有人因为天气不好而心情压抑；有人因为路上遇到恶狗而很生气；有人因为别人一句无心的话就惦记在心里，不能忘记。每个人都是社会成员之一，都在人群之中生活，每天都会遇到各种各样的情况。如果不能及时调整好情绪，总是因为各种各样的事情就导致情绪波动，那么一天之中很难有心情平静的时候。在网络上，曾经有人说，既然哭着也是一天，笑着也是一天，为何不笑着度过每一天呢？的确，对于每个人来说，愁眉苦脸也是一天，欢欣雀跃也是一天，那么为何不调整好心情，给自己和身边的人带来愉悦呢？

作为父母,无论在一天的工作中收获多少,是得到了上司的认可和表扬,还是被上司劈头盖脸数落一通,都要在回家前调整好情绪,带着积极愉悦的情绪面对孩子,给予孩子正面的力量。孩子的身心正处于发展之中,还相对稚嫩,也不够成熟和稳定,如果父母阴晴不定地对待孩子,则就会让孩子时而感到满足,时而感到困惑,时而如同被阳光普照,时而又如同被倾盆大雨浇头。这样的冰火两重天,对于帮助孩子稳定情绪是没有好处的。

有些时候,父母的坏情绪未必来自于工作,也有可能是被孩子惹恼。例如,孩子犯了错误,造成了严重的后果,父母会怎么样呢?不能控制自身情绪的父母一定会勃然大怒,恨不得当即就狠狠地骂孩子一顿,或者打孩子一顿。然而,打骂孩子能解决问题吗?如果孩子是因为不懂不会或者无心犯下错误,这样严厉地惩罚孩子一定会使孩子畏手畏脚,甚至在未来什么也不敢做,只能听从父母的指挥,变成父母的提线木偶,只做父母允许和赞同的事情。如果孩子是因为故意犯下错误,那么就说明孩子在犯错的行为背后还有深层次的心理原因。父母要想彻底解决问题,要知道根本原因是什么,才能有针对性地帮助孩子打开心结,让孩子认识到自己的错误,也真心地反思自己的错误,从而保证以后不再犯同样的错误。由此可见,不管孩子为何犯错,父母的歇斯底里、怒气冲天,都是无法解决问题的。明智的父母会尽量保持平静，努力控制情绪，以温和的语言去引导孩子，真正地说服孩子。否则，父母发怒的样子会成为孩子心中的噩梦，也会在不知不觉间影响孩子，让孩子对于情绪也缺乏控制力。

当然，每个人都有情绪，不仅成人有情绪，孩子也有情绪。当情绪发生的时候，如何处理负面情绪呢？有些父母工作一天，拖着疲惫的身体回到家里，真的挤也挤不出来笑容。在这种情况下，父母先不要急于回家，何不在街边的咖啡馆稍坐片刻，点一杯咖啡或者一块爱吃的小蛋糕，让自己的心灵在美食的抚慰下渐渐地舒展开来呢？如果有很多委屈压抑在心里，还可以和朋友们相约一起吃饭唱歌，如果平日里大多数晚上都按时回家陪伴孩子，就算有一晚上的放纵和疯狂也没关系，只有彻底发泄才能还给孩子一个满心轻松的好爸爸或者好妈妈。宣泄情绪的方式有很多，父母可以选择最适合自己的方式进行，有效地消除负面情绪，帮助自己保持心态平和，情绪平静。

父母要向孩子传递好情绪，就要注重爱的形式。有很多父母都喜欢把对孩子的爱隐藏在心里，只在孩子小时候与孩子抱抱、亲亲，而随着孩子渐渐长大，父母也越来越不好意思把对孩子的爱大胆地说出口。让孩子知道你爱他，这很重要，因为这能够帮助孩子建立安全感，也能够让孩子在任何时候都相信父母是他们最坚强的后盾。如今的社会里，很多孩子有事情不敢告诉父母，一则害怕父母生气，变得就像魔鬼，二则不相信父母真的很爱很爱他们，因而没有第一时间向父母求助。父母固然要管教孩子，在必要的时候还要惩罚孩子，但是却不能让孩子怀疑父母对他们的爱，否则后续的很多相关问题都会变得棘手，且难以解决。

明智的父母从来不会在孩子面前表现出情绪失控的样子，因为他们深深地知道孩子有多么依赖和信任他们。爱与自由，是父母给孩子的最好礼物，作为父母，不要吝啬爱孩子，也不要吝啬对孩子表达爱，更不要吝啬为孩子传递好情绪和正能量。

情商课堂

哪怕只是用好情绪伪装自己，父母也要在孩子面前表现出积极热情的一面。家庭是孩子赖以生存的小世界，父母是孩子在世界上唯一信任和依赖的人。父母情绪好，孩子才能更快乐。

让孩子多几分淡然

在当今这个时代里，社会发展的速度越来越快，很多人都变得特别浮躁，无法静下心来思考一些问题。虽然孩子主要生活在家庭中和学校里，但是难免会受到社会上一些风气的影响，因而心理承受着巨大的压力，越来越焦虑不安。在这些负面情绪的影响下，孩子的学习、生活都会受到影响，作为父母，要引导孩子以更加理性的态度面对学习，而不要总是任由孩子陷入负面情绪之中，内心浮躁喧嚣，无法静下心来思考自己到底想要怎样的生活，如何才能做得更好。

在这个全民陷入教育焦虑的时代里，有太多的父母不淡定了。他们望子成龙、望女成凤，为了让孩子不输在起跑线上，迫不及待地给孩子报名参加各种培训班、课外补习班，恨不得以填鸭式的方法让孩子马上就能飞速进步，成功成才。然而，这个世界上从没有一蹴而就的成功，也没有天上掉馅饼的好事，更没有一夜成才的孩子。要想培养和提高孩子的情商，父母首先要心平气和对待孩子的成长，而不要总是催促孩子，更不要对孩子揠苗助长。唯有父母摆正心态，孩子才能多几分淡然，少几分浮躁。

不得不说，浮躁已经成为现代社会的通病。很少有人能够沉下心来去做一些事情，孩子也总是表现得轻浮、焦虑，做事情常常一时兴起，又会半途而废。他们无法专心致志地把一件事情做好，而总是虎头蛇尾，当遭遇失败时，非但不反思自己，反而从外界寻找原因，认为一切的责任都在于各种恰好不

第 09 章 拥有自控的能力：能够控制自己的情绪和意识，也是高情商的体现

凑巧的环境。在这种心态的影响下，孩子如何能够做到脚踏实地地获得进步，一步一个脚印地往前走呢？浮躁的孩子还有很强的嫉妒心，总是喜欢与人攀比，这山望着那山高，无法沉静下来展开行动。当然，这不能全都归结为孩子的问题，因为外部世界有很多因素都在对孩子发生作用，都在以各种方式磨砺孩子的意志。细心的父母会发现，那些思想过于活络的孩子，往往不能通过点滴的积累达到理想的目标，他们的眼睛滴溜溜地转，心中一会儿一个想法，很容易就会忘却初心。常言道，不忘初心，方得始终，只有内心笃定的孩子，才能到达人生理想的彼岸。

作为父母，要想改变孩子浮躁的状态，就要很用心地帮助孩子，合理地引导孩子。首先，父母要有孙悟空般的火眼金睛，透过现象看本质，透过孩子浮躁的表面，看到孩子深层次的心理。每个孩子表现出不同的情绪状态，一定是有原因的，父母只有探求到真正的原因，才能有效地帮助孩子从根本上解决问题。其次，父母要为孩子营造务实求真的成长氛围。如果整个家庭里的气氛都很浮躁，孩子如何能静下心来做好自己呢？父母要成为孩子的榜样，不管时代如何发展，都要笃定地做好自己，都要专心致志做好该做的事情。再次，父母要多多激励孩子。很多孩子一旦遇到困难，就会马上打退堂鼓，不愿意吃苦受累地继续去做。做什么事情会一帆风顺，从来也不遇

到困难呢？可以说，没有任何一件事情是不需要努力的。既然如此，父母就要给予孩子积极的心理暗示，越是在孩子内心动摇犹豫不决的时候，父母越要多鼓励孩子，给予孩子信心和勇气，也让孩子能够努力坚持决不放弃。最后，父母可以通过合理的方式磨炼孩子的意志，增强孩子的意志力。做任何事情，只有开始是远远不够的，还要以意志力战胜过程中的艰难，才能到达最终的目的地。父母切勿使孩子形成生活就是蜜罐的错觉，而是要多多历练孩子，找机会让孩子认识到生命的本质和生活的真相，这样孩子才能渐渐接受不如意的现实，也以强大的内心经受住一次又一次的考验。

孩子有进取心固然是很难得的，因为只有在进取心的驱使下，孩子才会拼尽全力，去为自己的理想和志向奋斗。但是，人生总要张弛有度，很多事情并不以人的意志为转移，为此孩子既要学会争取，也要学会适时地放弃，不把得失看得那么重，这样才能在人生之中游刃有余，淡然从容。

情商课堂

有欲望，想要成功，是一件好事情，能够激发我们的斗志，让孩子充满勇气地努力向前。然而，当欲望太强，为了成功而不择手段，渐渐地，这些由压力转化而来的动力就会变成孩子沉重的负担，使孩子在努力成长的同时感到身心疲惫。俗话说，凡事皆有度，过度犹不及。孩子的人生要想张弛有度，既要努力拼搏，也要适时放手，这样才会拿得起，放得下，也拥有更多的快乐。

让孩子学会调整情绪

今天傍晚，小妮放学回家的时间和平时差不多。妈妈看到小妮一切如常，因而继续回到厨房里做饭。妈妈刚刚把菜择好洗好，就听到房间里传来小妮的哭声。妈妈赶紧赶过去查看小妮的情况，小妮的房间里，满地的书本和文具，而小妮此时正伏在书桌上哭呢。

看着情绪崩溃的小妮，妈妈很担心，不知道发生了什么事情。她想安慰小妮，小妮却不理会她，妈妈索性安静地坐在旁边，等着小妮哭完。几分钟过去，小妮停止了哭声，抬起头看着妈妈。妈妈摩挲着小妮的头："小妮，你怎么了？"小妮说："妈妈，我刚才拿出作业准备写，一看到有那么多的作业，心里很着急，又想到每天都要上学，还要写作业，还要应付考试，很伤心。就这样，我突然很想哭，所以就哭了。"妈妈看着小妮，说："小妮，人越长越大，会有很多的烦恼，如有的时候，妈妈也会很烦恼，工作很辛苦，还会被老板批评，这个时候该怎么办呢？"小妮惊讶地看着妈妈："妈妈，你不喜欢工作吗?"妈妈回答:"我有的时候喜欢工作,有的时候不喜欢,心烦的时候,我只想躺在床上睡觉,什么事情也不管。"小妮同情地看着妈妈:"我还以为大人都很喜欢工作呢。原来,妈妈也会和我讨厌学习一样,讨厌工作。"妈妈笑着说:"每个人都有烦恼,也会有心情不好的时候。重要的是,我们要学会调整情绪,让自己尝试着接受坏情绪,消化坏情绪,这很重要。等到心情好了,再去做一些事情,效果也会更好。你觉得,你不开心的时候最喜欢做什么呢?"小妮不好意思地笑起来,说:"哭、喊,还想打人,也想吃冰激凌,各种美食。"妈妈说:"小妮,你和妈妈一样啊,妈妈生气的时候也想这样。不过,我觉得哭喊都不合适,不如吃美食,或者买一件漂亮的衣服,这样更加无公害。你觉得呢?"小妮点点头,问妈妈:"妈妈,我现在可以吃冰激凌吗?"妈妈点点头,说:"吃个雪人吧,心情马上就会好起来。"说完,妈妈拿来两个雪人冰激凌,和小妮一起吃起来。

强大的学习压力和繁重的学业负担,让孩子无忧无虑的童年不再轻松,而是常常会感到辛苦。孩子的承受能力原本就没有那么强,在这种情况下,如果父母不能及时体察孩子的情绪,引导孩子进行心理调节,则孩子把很多压力和烦恼都堆积在心里,一定会感到非常苦闷。日久天长,积累的压力、忧愁、烦闷,还会因为量变而引起质变,导致孩子的心理问题更

第09章 拥有自控的能力：能够控制自己的情绪和意识，也是高情商的体现

加严重，也使得孩子的行为出现异常。

在一本青少年心理学著作中，作者指出，孩子们的压力来源主要是学习和作业，尤其是作业负担过重，使得很多青少年都不堪重负，心理问题接踵而生。很多父母都认为学习是孩子的天职，也觉得把学习学好，是孩子责无旁贷的责任。为此每当听到孩子抱怨学习太辛苦，父母往往以不以为然的态度对孩子们说："你每天还要做什么呢？不就是学习，吃喝睡觉。你只需要学习，又不需要去赚钱，有什么辛苦的？"在父母的一番抢白之下，孩子们往往会噤声，不敢再抱怨学习辛苦。不得不说，父母漫不经心的话关闭了孩子的心扉，让孩子根本没有欲望把自己对于学习的情绪感受告诉父母。

实际上，就像成人经常倍感工作的压力一样，孩子也常常感受到来自学习的压力，而且觉得内心很崩溃。父母越来越看重孩子们的学习，希望孩子能够全方面发展，出类拔萃，却不知道孩子只是应付某一科的学习就已经很疲惫和辛苦了，到了周末，他们也想高高兴兴地玩，而不想四处上补习班。每当孩子表现出偷懒的苗头，父母总是不由分说地训斥孩子："少壮不努力，老大徒伤悲。你如果不好好学习，将来怎么能考上好大学呢？没有出息，以后更吃苦，爸爸妈妈可不能养活你一辈子。"如果孩子年纪小，父母对孩子说出这样的话，未免太过残酷。如果孩子年纪大，父母这样直截了当地训斥孩子，还是

会伤害孩子的心灵。罗马不是一天建成的，胖子不是一口吃成的，饭总要一口一口地吃，才能吃饱。父母教养孩子，要尊重孩子内心的节奏，让孩子按照自然的规律慢慢成长，切勿拔苗助长，凭空给孩子增加压力。

父母帮助孩子宣泄负面情绪，首先要培养孩子良好的心态。心态不好，孩子很容易产生负面情绪，只有保持良好的心态，孩子才能在面对不同问题的时候，有更加积极的表现。其次，父母要引导孩子认知和管理情绪。很多孩子根本不知道情绪为何物，为此当情绪发生的时候，他们常常手足无措，根本不能正确处理情绪问题。认知情绪，是孩子管理情绪的前提，也是帮助孩子调整心态的必经途径。再次，压力是无法逃避的，矛盾也总是伴随着生活而生，每个人的生命注定了一地鸡毛，归根结底孩子要提升自己承受压力的能力，才能以不变的坚强承受万变的压力。最后，当负面情绪产生的时候，以合理的方式宣泄负面情绪很重要，就像案例中，妈妈和小妮所做的一样，吃一盒美味的冰激凌，或者是吃一块甜腻的蛋糕，还可以为自己买一个礼物，衣服或者玩具，都是很不错的选择。总之，不要任由负面情绪在心中堆积，而是要在负面情绪产生的时候，第一时间消除，这样孩子才能及时缓解不良情绪，也消除负面情绪。

第09章 拥有自控的能力：能够控制自己的情绪和意识，也是高情商的体现

● 情商课堂

如今，越来越多的父母注重培养和提升孩子的情商。情商的高低，往往对孩子的一生都会产生深远的影响。高情商的孩子不但能够更好地与自己相处，也能处理好自己与他人之间的关系，在生活和学习中有更加积极的表现。

父母要想提升孩子的情商，就要先提升自己的情商。这样才能以身示范，潜移默化地影响孩子，也给孩子积极的作用力。情商关系到孩子人生的方方面面，父母对于孩子的情商培养也要从点点滴滴入手，除了给孩子讲一些大道理外，还要根据具体的事情去教育和引导孩子，从而让教育更全面，也让教育的效果更好。

参考文献

[1]李萍.孩子的高情商是这样培养的[M].北京：中国经济出版社，2013.

[2]张然.改变孩子一生的能量书[M].北京：中国商业出版社，2013.

[3]钟思嘉，黄蕊.别让孩子输在情商[M].武汉：华中科技大学出版社，2017.